魔力数学 3

宋 君 王银娜 陈伟伟 著

优化 类比

中原出版传媒集团
中原传媒股份公司
大象出版社
·郑州·

图书在版编目(CIP)数据

魔力数学. 优化 类比 / 宋君, 王银娜, 陈伟伟著.
郑州 : 大象出版社, 2025. 2. -- ISBN 978-7-5711
-2264-5

Ⅰ. G624. 503

中国国家版本馆 CIP 数据核字第 2024QL2803 号

MOLI SHUXUE

魔力数学

——优化 类比

宋 君 王银娜 陈伟伟 著

出 版 人 汪林中
责任编辑 梁金蓝 李文平
责任校对 牛志远
装帧设计 付锬锬
部分插图 一碗面工作室

出版发行 大象出版社(郑州市郑东新区祥盛街 27 号 邮政编码 450016)
发行科 0371-63863551 总编室 0371-65597936
网 址 www. daxiang. cn
印 刷 河南文华印务有限公司
经 销 各地新华书店经销
开 本 720 mm×1020 mm 1/16
印 张 10. 5
字 数 85 千字
版 次 2025 年 2 月第 1 版 2025 年 2 月第 1 次印刷
定 价 35. 00 元

若发现印、装质量问题,影响阅读,请与承印厂联系调换。
印厂地址 新乡市获嘉县亢村镇工业园
邮政编码 453800 电话 0373-5969992 5961789

嗨，我是“藏不住秘密”的淘淘国王，称霸数学界是我的目标，而且我在《魔力数学》中很快找到了称霸的秘诀，想知道是什么吗？嘿嘿，快来加入我的战队，一起在阅读中寻找吧！

鹤立鸡群是我的标签，自信严谨是我的优势，压轴亮相是我的出场方式，我就是淘淘数学称霸路上的拦路石——“数学小诸葛”乐乐大人。

大家好！我是可爱的飞飞。老师说学好数学能让我的思维更开阔，能让我变得越来越聪明。老师说得一定没错！

你好，我是花花，悄悄地告诉你，同学们私下里都说我是“十万个为什么”，我觉得学无止境，不懂就要问嘛，嘻嘻！谁也阻挡不了我成为“数学花仙子”的脚步！

数学阅读，为我们打开一扇窗

提到阅读，人们通常想到的是语文阅读，很少将阅读与数学联系在一起。可见，数学阅读是被忽视的。因此，在落实核心素养的今天，重视数学阅读，具有重要意义。

我的教学主张是智慧数学。我始终认为：使学生获得终身发展的数学就是智慧数学。数学本身是一门智慧之学，而数学阅读是开启学生智慧的一把金钥匙，可以促进思维发展，提升思维品质。

本套丛书以核心素养为背景，将数学基础知识、基本技能、基本思想、基本活动经验融入故事、游戏、活动中。书中的故事充满童趣，与学生生活实际紧密结合，让我们体会到数学的广泛应用，分享到数学智慧阅读的快乐与愉悦。通过本套丛书的阅读，小朋友们能够增长智慧，数学会变得“好玩”，真正让孩子们在阅读中学习，在运用中提高。本套丛书有如下特点：

一、是目前少有的专门针对小学生的数学课外读物

在数学课外阅读书籍中，本套丛书是少有的贴近学生实际、非常适合12岁之前开展数学阅读的读物。

数学阅读研究得到北京师范大学刘坚教授、福建省特级教师王永老师、新世纪小学数学教材编写团队王明明老师等国内中小学数学专家的肯定，还得到了华人数学家蔡金法教授为期三年的跟踪与指导。

二、与学生的现实生活紧密联系

本套丛书注重从现实生活中提炼阅读素材，通过阅读、思考、表达促进学生在真实的世界中感受数学的价值。从生活的世界入手阅读，通过思维的深加工，不断抽象为数学的模型，解决生活中的实际问题，从而提升学生的数学素养。

同时，本套丛书是我在坚持 20 多年的实践研究中，在撰写的 300 余篇（约 16 万字）的学生阅读资源中，修改、完善、提炼，逐渐成为学生最喜欢的、独具特色的数学课外阅读读物。

三、重在培养学生的阅读能力、思考能力和表达能力

学生核心素养的终极目标是，培养学生应具备的适应个人终身发展和社会发展需要的必备品格和关键能力。而关键能力就是阅读能力、思考能力和表达能力。

2022 年 4 月，《义务教育数学课程标准（2022 年版）》发布，数学核心素养构成简称“三会”，即会用数学的眼光观察现实世界，会用数学的思维思考现实世界，会用数学的语言表达现实世界。而《魔力数学》正是以“故事分享”“思考分析”“拓展思路”“答案提示”“智慧提升”板块加以呈现。“故事分享”板块，旨在让学生通过阅读培养其阅读能力；“思考分析”板块，是让学生通过阅读，学会用数学的头脑进行思考、分析和推理，无形中培养其思考能力；“拓展思路”板块，提升学生的思维能力，促进数学素养的达成；

“答案提示”板块，在学生解决问题有困难时给其一把扶梯，使他们跳一跳能够得着；“智慧提升”板块，是让学生跳出数学来看待问题，会有新的发现和见识。

四、将数学基本知识、技能与数学思想融入故事、游戏、活动中

故事是孩子们最喜欢的，而本套丛书将数学融入故事中，采用故事叙述的方式呈现阅读内容，极大地调动了学生阅读的兴趣，使学生在不知不觉中爱上阅读、善于阅读，发展其核心素养。

在数学故事的阅读中，将数学故事情境营造给学生，鼓励他们积极思考，从而获得知识技能、数学思考、问题解决、情感态度的全面发展。数学阅读故事的展开过程就是学生积极思考的过程。在数学阅读的过程中，兴趣能够引发学生思考，学生通过独立思考，不断“建立模型—解释应用”。

五、指导学生形成高观点背景下的深入思考

学生读这套丛书不仅仅是阅读故事，更是对数学问题进行深入思考。尤其是“智慧提升”板块，非常注重对故事背后的解决策略、数学思想等及时进行归纳和提升，促进学生对数学的本质有一定理解。

这种提升和发展，能够促进学生不仅仅在故事中捕捉有效的数学信息，更对形成高观点下的深入思考有着积极作用。

宋　君

目录

神奇的 1 分钟

故事分享

一天，乐乐在家刚看完一篇有关时间的数学故事，听到有人敲门。询问之后发现原来是淘淘和花花来了，乐乐打开门，没有像平时那样马上请淘淘和花花进来。淘淘和花花有些不知所措，只好静静地站着。乐乐认真地看着手表，当时间过去 1 分钟的时候，乐乐终于说出了那两个字——“请进”。淘淘和花花长出了一口气，淘淘说：“今天怎么让我们在门口等这么久！”

乐乐神秘一笑，没有正面回答，而是问：“你们觉得 1 分钟是长还是短？”淘淘和花花异口同声地说：“短！”

乐乐反问：“那你们为什么觉得‘在门口等这么久’

啊？刚才我只让你们在门口等了 1 分钟！”

“不会吧！”淘淘和花花觉得难以置信。平时在生活中，提到 1 分钟，总觉得那是很短的一段时间，可是今天为什么觉得 1 分钟会很久呢？

有时感觉 1 分钟很短，有时感觉 1 分钟很长。亲爱的小读者，你有这种感受吗？

思考分析

秒针走一圈，分针走一小格，客观的时间并不会因为我们的主观感受而变长或者变短，1 分钟就是 1 分钟。我们却可以根据我们情绪的变化，来感受时间的快慢。心理研究发现，同样是 1 分钟，在不同的情况下，感觉是不一样的。当我们做自己不愿做的事情时，每一分钟都觉得是漫长的；当我们做自己喜欢的事情时，就忽略了时间的流逝，回过神来才发现，时间过得那么快！

拓展思路

当淘淘和花花在门口焦急等待时，感觉 1 分钟很长；当我们在做自己开心的事情时，1 分钟很快就溜走了。试一试，在 1 分钟内，你能做些什么？

答案提示

1 分钟可以做好多事情。比如：我跳绳 1 分钟能跳 100 多下，我 1 分钟能拍 100 多下手，淘淘开心地说他 1 分钟能背两首诗呢。

智慧提升

时间就在我们身边，珍惜时间就是要珍惜每一分每一秒。通过不断学习和思考，以后你还会发现时间更多的奥秘！

丰富的1秒

故事分享

下课了，淘淘和乐乐凑在一起讨论上节课的问题，花花悄悄地走过来，突然伸出双手在淘淘和乐乐面前一拍，吓了他们一跳。花花笑眯眯地说："哈哈，我用力拍一下手，就是1秒，你们1秒能做什么呢?"乐乐反应很快，马上说道："你刚刚突然一拍手，吓得我一眨眼，正好让我想到，1秒可以眨一次眼睛。"淘淘还有点没反应过来，不好意思地嘟囔着："1秒，那么短，能干什么呀？我还没想到。"亲爱的小读者，你觉得1

秒能做什么呢?

思考分析

钟摆的摇动，钟表的嘀嗒，时间无处不在，永不停歇，当秒针跳动 1 格，瞧，1 秒溜走了。

答案提示

1 秒虽然短暂，但是你可别以为在这期间什么也干不了。1 秒可以拍一张照片，1 秒可以拍一下皮球，1 秒可以拍一下桌子，1 秒可以扣一个纽扣，1 秒可以读一个字，1 秒可以把一张纸撕成两半，1 秒可以打两个字……

智慧提升

1 秒虽然很短，但是，我们要珍惜每一秒钟，把时间一秒一秒地积累起来就能做很多有用的事。希望你能珍惜生活中的分分秒秒，做时间的主人。

购书活动

故事分享

4 月 23 日是世界读书日，这天，淘淘、乐乐和花花相约一起从淘淘家出发去书店买书。三个小书迷到了书店，摸摸这本，翻翻那本，一边看一边挑，终于买到了心仪的书籍，三个好朋友开开心心地走出了书店。这时，淘淘说："我们到达书店的时间是下午 4:05，现在是下午 4:55，你们知道我们在书店中待了多长时间吗?"花花难以置信地说："不知不觉时间过得真快呀，现在竟然是 4:55，这中间到底用了多长时间呢?"

思考分析

要解决这个问题，需要注意 4:05 进入书店、4:55 离开书店这两个时间点。我们可以借助钟表拨一拨，数一数。也可以用结束的时间 4:55 减去开始的时间 4:05，因为都是 4 时多，可以直接用 55 − 5 = 50 分钟，算出在书店中待了 50 分钟。

拓展思路

现在是下午 4:55，从书店到淘淘家需要走 10 分钟，什么时候能到达？

答案提示

离开书店的时间是 4:55，5 分钟后就是 ____，再过 5 分钟就是 ____，因此，5:05 能到达淘淘家。

智慧提升

时间与我们的生活息息相关，在解决有关时间的问题时，我们可以通过**拨一拨、数一数、计算**等方式找到答案。

能不能见到太阳

故事分享

中午放学时间到了，淘淘看到教室窗外淅淅沥沥的小雨和乌云密布的天空感到很无奈，心里期盼着晴天赶快到来。他有气无力地对乐乐说："这雨已经连续下了一天了，你说明天会是晴天吗？"乐乐想了想说："明天是不是晴天，我不知道，但是36小时后肯定不会出太阳！"淘淘听了乐乐的话非常惊讶，乐乐神秘一笑没有解释。亲爱的小读者，你明白乐乐话中的奥妙吗？

思考分析

乐乐是中午放学时对淘淘说36小时后不会出太阳的。在面对问题时，我们通常会收集到很多信息，那么我们先想一想，在解决这个问题时需要哪些信息？比如："中午""36 小时"这两个时间信息；不需要哪些信息？比如："下雨""天晴"等干扰信息。这样解决问题就会变得容易了。36 小时是几天呢？1 天是 24 小时，36 小时就是一天半。在这里过了一天半，到了晚上，当然不会出太阳啦。

拓展思路

淘淘恍然大悟。他对乐乐说："如果这场雨要下 3 天，天气才能放晴，现在已经下了一天了，你知道还要再下多少小时吗？"

答案提示

这场雨一共要下 3 天，下了一天，那么还要再下两天。一天是 24 小时，两天就是：____ ×2 = ____（小时）。所以还要再下 ____ 小时。

智慧提升

阅读理解时，我们可以关注问题，根据问题筛选所需的信息，注意**时间单位要统一**，提高自己解决问题的能力。

好玩的页码游戏

故事分享

淘淘很喜欢读书，最近淘淘收到来自美国的表弟寄给他的书，他喜欢极了。看书的时候，他注意到页码的排列是有规律的。他在数学课外阅读交流会上分享了这个发现。

“我发现，每张纸上的页码都是正面单数，反过来是双数。任意打开书，左边页码为双数，右边页码为单数，并且两个数永远是挨着的。”淘淘刚刚分享完，大家都迫不及待地去翻书验证，经过验证，淘淘收获了全班同学的掌声。这时，淘淘接着说道：“下面来考考大家，我们一起来玩一个页码游戏。”

大家最喜欢玩游戏了，全班同学的热情都被调动了起来。“我随手翻开了书，右边的页码是37，大家知道我翻开书的页码数之和是多少吗?”

话音刚落，乐乐就举起手来。“你翻开书的页码数之和是73。”乐乐自信地回答道。

“对，挑战成功，那么接下来请你根据页码游戏的规则来出题。”淘淘肯定了乐乐的答案，并将提问权交给了乐乐。

“我随手翻开了书，把两个页码数加起来，和是65，大家知道我翻开的是书的哪两页吗?”乐乐灵机一动，提问道。

“是32和33页。因为我随手翻开的也是这两页。”飞飞抢答道。哈哈，全班哄笑了起来，真是巧合啊。

“你能用自己的话来解释一下为什么吗?”乐乐也笑着说。

“没问题。”飞飞拍着胸脯说，“这可难不倒我呢。根据页码的排列规律，左右两页中一页是双数，一页是单数，书的两个页码是挨着的数，所以，后面的单数比前面的双数要大1。我们把65的个位数拆成两个连着的数，把十位数拆成两个一样的数，这样就能得出 32 + 33 = 65 了。”

“你的推论很精彩，可是我有疑问，如果两个数的和是 71，十位数就没办法拆成两个一样的数啦！”花花发言了，一上来就提出了疑问。

“你说的这种情况我也发现了，可以先从十位借 1，则个位的 1 变成 11，两个连着的数加起来等于 11 的，就只有 5 和 6 了。接下来，十位上的 7 被借了 1 就变成 6 了。这就很容易拆成两个一样的数了。”飞飞确实胸有成竹，这么难的问题竟然回答得这么清晰。

亲爱的小读者，淘淘也留了一个页码游戏给你试一试：我随手翻开了数学书，把两个页码数加起来，和是 97，请问：我翻开的是哪两页？

思考分析

如果翻开书的页码数之和中的十位上的数字是单数，个位上的数字是 1、3、5 或者是 7，例如：两个页码数字之和为 53，那么个位数字的 3 需要向十位借 1 再拆分，即 13 = 6 + 7。同时，相对应地，十位上的数字会被个位借 1 之后从而变成了双数，就可以拆分成相同的数。

淘淘翻开的数学书的页码数之和为 97，考虑到 97 的十位上的数是单数，不能拆分为两个一样的数，因此，十位上的 9 被借 1，变成 8，从而两个数十位上数字为 4，个位上数字就是 8 和 9 了。因此，答案为 48 页与 49 页。

拓展思路

如果在页码游戏中，随机翻开的两个页码数之和是 129，你能拆分得出两个页码分别是多少吗？

答案提示

129 = ____ + ____。因此，随机翻开的页码是 ____ 页和 ____ 页。

智慧提升

页码游戏，看似简单，其实非常锻炼我们的能力。而将页码游戏像故事中那样去玩，就必须把数进行有效的拆分，从而知道两个连续的数分别是多少。

巧称药品质量

故事分享

今天是星期日，叔叔要到中药店上班，淘淘就和叔叔一起来到药店。看着病人生病的样子，淘淘心里很难受。

叔叔准备了一些质量各不相同的砝码来称中药的质量。叔叔知道淘淘是有名的“数学小天才”，就故意问淘淘：“叔叔要准备多少个质量各不相同的砝码才能称出 1 ～ 15 克中药的质量呢？”淘淘知道叔叔在考他，认真想了想说：“4 个质量不同的砝码就可以了。”淘淘和叔叔都笑了，叔叔直夸淘淘聪明。同学们，你们知道淘淘说的是哪 4 个质量不同的砝码吗？

思考分析

需要准备的 4 个质量不同的砝码分别是 1 克的、2 克的、4 克的和 8 克的。称取 1 ～ 15 克中药的质量过程如下：

中药质量	砝码质量
1 克	1 克
2 克	2 克
3 克	1 克 + 2 克
4 克	4 克
5 克	1 克 + 4 克
6 克	2 克 + 4 克
7 克	1 克 + 2 克 + 4 克
8 克	8 克
9 克	1 克 + 8 克
10 克	2 克 + 8 克
11 克	1 克 + 2 克 + 8 克
12 克	4 克 + 8 克
13 克	1 克 + 4 克 + 8 克

牡蛎
牛黄
肉桂
八角
藿香
干姜
何首乌
三七
栀子
山楂
白矾
麦芽
大枣
白术
人参
芦荟
丁香
薄荷
山药
陈皮
艾叶
桂枝
桑叶
黄连
川贝
枸杞
鹿茸
土人参
当归
人参
土三七
白芷
大茴香

蛎
牛黄
肉桂
八角
藿香
干姜
苏叶
首乌
三七
栀子
山楂
白矾
麦芽
杏仁
枣
白术
人参
芦荟
丁香
薄荷
独活
药
陈皮
艾叶
桂枝
桑叶
黄连
党参
贝
桂皮
叶
枸杞
鹿茸
茯苓
人参
当归
若
人参
柴胡
三七
秋
冬
白芷
海藻
茴香
佛手

14 克	2 克＋ 4 克＋ 8 克
15 克	1 克＋ 2 克＋ 4 克＋ 8 克

拓展思路

淘淘一直在想，叔叔要准备多少个质量不相同的砝码才能称出 1 ～ 31 克中药的质量呢？请同学们也认真动脑思考一下，把你们的想法和家长进行交流。

答案提示

我们从上题得到启发，准备 1 克、2 克、4 克和 8 克的砝码各一个就能称出 1 ～ 15 克中药的质量，那么再增加一个 ____ 克的砝码就能称出 1 ～ 31 克中药的质量了。

智慧提升

解决这类问题，需要我们找准问题的突破口，找出要称出物品的质量与砝码的关系，思考怎样才能不重复地将几个质量不同的砝码通过加法计算得到答案是 1 ～ 15 或 1 ～ 31 的方案。

合适才是最好的

故事分享

放学后，淘淘和花花争论：分米和毫米哪个单位更好？淘淘说："应该是'分米'，1 分米 = 10 厘米，1 厘米 = 10 毫米，毫米太短了。"花花不甘示弱地回道："我觉得是'毫米'，因为很多精密仪器的测量都是以毫米为单位的。"正巧，乐乐走来了，淘淘和花花让乐乐当裁判，乐乐笑了笑说："你们就用自己喜欢的单位来进行测量比赛吧！"

第一场比赛是测量书桌的高度。淘淘用"分米"很快测出了结果：课桌高 8 分米。花花用"毫米"，费了很大劲才量完。淘淘刚想得意一下，便开始了第二场比赛：

测量一枚曲别针的长度。这次淘淘发现曲别针的长度不到1分米，他犯难了。而花花用“毫米”量出的结果是28毫米。乐乐笑了笑，对淘淘和花花说：“没有哪个更好，只有合适才是最好的。”你们同意吗？

思考分析

分米和毫米是大小不同的两个长度单位，各有各的长处，也各有各的短处。没有哪个更好，只有合适才是最好的。

拓展思路

花花听了乐乐的话，想了想刚刚的测量活动，认同了乐乐的观点。淘淘还是不服气，他觉得1毫米太短了，平时生活中哪些物品的长度大约是1毫米呢？

答案提示

1分硬币的厚度、一张会员卡的厚度、一张名片的厚度、一粒菜籽的直径、一粒芝麻的宽度等大约都是 1 毫米。

智慧提升

原来生活中毫米的身影有这么多呀，淘淘也认同了乐乐的观点。其实，长度单位的家族还有很多成员，在测量更大的物体长度时要用到千米，比千米大的还有光年；在测量更小、更短的物体长度时还有比毫米更小的长度单位呢，比如微米、纳米等。

小路的周长

故事分享

乐乐所在的小区有一个小池塘，围绕小池塘有一条L形的石子路，专供小区的居民散步用。据说石子路有按摩脚底的作用，所以大家有时间都会在石子路上走一走，按摩一下脚底。晚上吃过饭，乐乐和爸爸也来散步了，走在石子路上，脚底被石子硌得痒痒的，不过也挺舒服的。父子二人边走边聊，走着走着来到了一个指示牌前，乐乐走上前一看，原来指示牌上画的是小池塘的示意图：

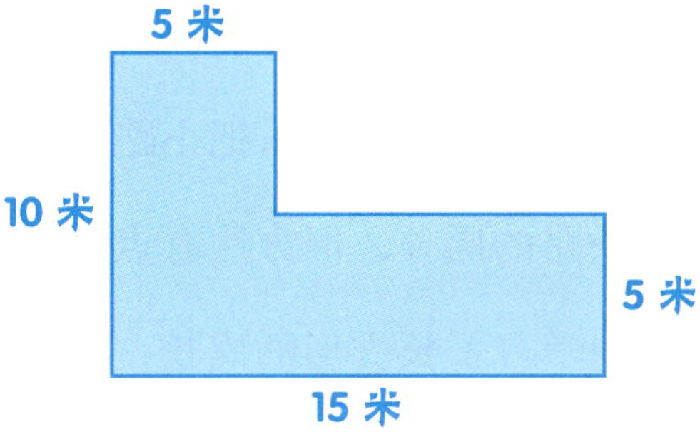

爸爸问乐乐："你知道我们从这条石子路走一圈有多少米吗?"乐乐笑着说："这还不简单！从石子路走一圈正好是它的周长，而周长就是图形一周的长度，我只要把这条石子路一周各条边的长度加起来就可以了。"说完乐乐就开始计算起来：5 + 10 + 15 + 5 + 10 + 5 = 50（米）。看到儿子算得这么认真，爸爸在一旁笑道："算得不错，但你有没有更简便的方法呢?"爸爸的问题可难倒了乐乐。小朋友，你想到更简便的方法了吗?

思考分析

周长就是图形一周的长度，乐乐把小路每条边的长度加在一起当然能够得到这条路的周长，但方法有点复杂，有没有更简便的方法呢？我们刚刚学习了长方形的周长，如果我们能把小路的周长转化成长方形的周长，是不是计算会更简便呢？通过观察，我们会发现，通过把小路的其中两条边进行平移，就可以把原来小路的周长转化成长方形的周长了，这时再来计算周长就简便了许多。

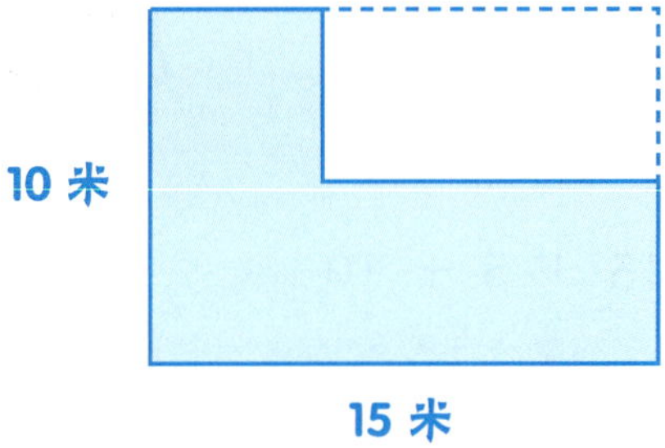

(15 + 10) × 2

= 25 × 2

= 50（米）

拓展思路

根据小路周长的计算方法，你能计算出下面这个图形的周长吗？试试看吧。

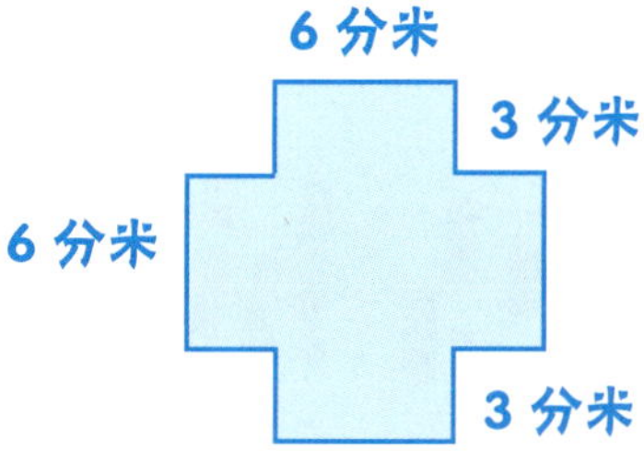

答案提示

通过平移，我们可以把上面的图形转化成一个边长是 12 分米的正方形，根据正方形的周长 = 边长 × 4，可以得到：

______________________________。

智慧提升

计算一些不规则图形的周长时往往比较复杂，这时我们可以通过边的平移，把不规则的图形转化成规则的图形来计算周长。

趣谈“马屁股”距离

故事分享

乐乐和爸爸妈妈一起出去旅游，在火车上无意中听列车员说铁轨间距的宽度竟然取决于马屁股的宽度。这也太让人感到惊奇了吧。旅行结束，他赶紧把这个消息告诉了好朋友们，淘淘和花花也觉得难以置信，大家一起查阅资料，看看马屁股的宽度为什么能决定火车铁轨的宽度呢？

思考分析

查阅资料后，淘淘发现中国铁路的轨道宽度是 1435 毫米。而且不仅是中国，全世界有 60% ～ 70% 的国家（英国、美国、加拿大、德国等）的铁路都采用 1435 毫米标准轨距。

很久以前，整个欧洲的行车道路都是由罗马人为他们的军队所铺设的。那时的战车是由两匹马拉动的。为了确保这些罗马战车能够自由驰骋，马路的宽度被设计成两匹马屁股的宽度。马路的宽度又决定了马车的轮距标准，也就是后来的电车轮距标准。在 1937 年，国际铁路协会做出一项规定：**将 1435 毫米的轨距定为国际通用的标准轨距。**

拓展思路

乐乐在查阅资料时惊奇地发现：现在航天飞机上的火箭助推器的宽度竟然也是 1435 毫米。为什么航天飞机上的火箭助推器的宽度会受到几千年前的两匹马屁股宽度影响呢？

答案提示

事物总是处在因果关系中的，正因为马屁股的宽度决定了马路轨迹的宽度，所以，它也间接地决定了铁路轨道的宽度。航天飞机上的两个火箭助推器造好之后要用火车运送，因此火箭助推器的宽度是由铁轨的宽度所决定的。

智慧提升

一个决定可能存在深远影响。这样看来，如果早期古罗马人选择用其他动物拉战车，恐怕今天铁轨的宽度就是另外一个样子了。

数学单位“米”的由来

故事分享

生活中的“米”随处可见。乐乐说：“学校跑道一圈大约 200 米。”淘淘说：“从我家到学校大约是 500 米。”花花不甘示弱地说：“我们的教室大约长 10 米。”大家正聊得开心，淘淘突然说：“‘米’这个单位是怎么来的呢？”大家面面相觑。乐乐说：“我们查一查资料吧。”

思考分析

1789 年法国大革命爆发后，具有革命思想的科学家、数学家拉格朗日被选为法国度量衡委员会委员。在他的推动下，法国当局规定：把通过巴黎的地球子午线长度的四千万分之一定义为“1 米”。19 世纪，国际度量衡委员会在巴黎召开会议，法、德、美、俄等 17 个国家代表共同签署了《米制公约》，从此，米制成为国际通行的长度标准。最终，在第 17 届国际计量大会上，“米”被定义为“光在真空中 1/299792458 秒的时间间隔内所行进的路径长度”，因为光速在真空中是永远不变的，它是科学家心目中最理想的“米原器”，从此，基准米就更加精确了。我国是 1977 年正式签署《米制公约》的，1979 年参加了第 16 届国际计量大会，在这之后，我国就开始统一使用计量单位“米”了。

拓展思路

我国有自己的传统长度单位，如**里、丈、尺、寸、忽、丝、毫、厘、分、步、常**等，为什么还要使用计量单位“米”呢？

智慧提升

如果不同国家都使用自己的长度单位作为标准，那么不利于国家间相互交流。使用统一的测量标准，为人们从事国际经济文化交流活动提供了便利的条件。

测量电视屏幕的学问

故事分享

乐乐家买了一台50英寸的电视机。乐学好思的他觉得，电视屏幕的长度好像没有50英寸。拿尺子一量，电视的长度大约为102厘米。根据1英寸约等于2.54厘米，大约相当40英寸的长度。这也相差太多了吧，乐乐到商店请教营业员叔叔。叔叔说："小朋友，你不该量屏幕的长度而应该量电视对角线的长度。"乐乐回家又量了量，嘿，液晶电视的对角线长大约为127厘米，相当于50英寸的长度。

淘淘想了想，如何验证乐乐算的正确呢？

思考分析

因为 1 英寸约等于 2.54 厘米，2.54 × 50 ＝ 127（厘米），所以 127 厘米为 50 英寸电视屏幕对角线的长度。

拓展思路

乐乐很佩服淘淘的方法，但是发现淘淘是用计算器算出结果的，乐乐问淘淘：“你能不用计算器，算出这个答案吗？”

答案提示

淘淘想了一会儿，找到了方法，先用 2.54 × 100 ＝ 254 厘米算出 100 英寸的长度，再用 254 ÷ 2 ＝ 127 厘米算出 50 英寸的长度。

智慧提升

我们在解决问题时，可以避开暂时不会的计算，用学过的数学方法解决问题。生活中处处留心皆学问啊。

商场大促销

故事分享

周末，飞飞一家准备逛商场，妈妈拿出家庭小账本：飞飞想要玩具熊，价格是 99 元；姐姐喜欢兔子布偶，价格是 109 元；妈妈看中一件连衣裙，价格是 998 元；爸爸什么也不需要，负责付钱。本次商场的促销活动是满 100 减 20，满 1000 减 200，照此类推。结账时可以一笔一笔结算，也可以所有商品一起结算。请帮飞飞爸爸算一算，怎样付钱最划算？需要多少钱？

思考分析

飞飞打算一笔一笔结算：玩具熊 99 元；布偶 109 元，满 100

减 20，109 － 20 ＝ 89（元）；连衣裙 998 元；一共是 99 ＋ 89 ＋ 998 ＝？请姐姐帮忙算，姐姐得出答案是 1186 元。

姐姐把所有商品一起结算：998 ＋ 109 ＋ 99 ＝ 1206（元），满 1000 减 200，1206 － 200 ＝ 1006（元）。

姐姐的算法比飞飞的算法更划算。

拓展思路

爸爸夸姐姐聪明，同时也给飞飞点了个赞，又皱着眉头说："有没有更合理的购买方案呢？"姐姐和飞飞都陷入了深思。

答案提示

妈妈微笑着说："玩具熊和布偶一起结算：99 ＋ 109 ＝ 208（元），208 － 40 ＝ 168（元）；连衣裙的价格不足 1000 元，不能参加优惠活动，特别可惜，但可以另外买一些价格便宜的物品，凑够 1000 元，再参加活动。"飞飞和姐姐拍手称赞，就去买了两双袜子，一共 15 元，所以这次购物一共花费：998 ＋ 15 ＝ 1013

（元），1013 − ____ = ____（元），____ + ____ = ____（元）。这样购物就最划算啦，小朋友，你明白了吗？

智慧提升

要想参加商场的“满减”活动，就得“凑整”。所以呢，购物时可能会买更多的商品。虽然看起来是买多了，但实际上付钱会更少，这就是购物的“小妙计”。因此，要好好学习数学，掌握省钱小妙招哦！

加减巧算

故事分享

放了学，淘淘和乐乐一起写作业。今天，数学老师布置了两道计算题：87 + 156 + 44；782 − 389 − 211。同样的两道题，淘淘用了 5 分钟，而乐乐只用了 2 分钟就写完了，淘淘很奇怪，平时我们两个的做题速度差不多啊，今天乐乐怎么会比我快这么多呢？他拿起乐乐的作业和自己的作业认真比较起来。

淘淘的作业：

87 + 156 + 44	782 − 389 − 211
= 243 + 44	= 393 − 211
= 287	= 182

乐乐的作业：

87 + 156 + 44	782 − 389 − 211
= 87 + （156 + 44）	= 782 − （389 + 211）
= 87 + 200	= 782 − 600
= 287	= 182

奇怪！我每道题只用了两步就算出来了，而乐乐每道题却用了三步才计算出来，他怎么还会比我先写完呢？淘淘又认真比较了一下两个人的作业，终于找到了原因，难怪乐乐比他算得快呢！看来以后在计算时也要像乐乐一样多观察、多思考，这样才能找到更为简便的计算方法呢！

小朋友，你知道乐乐的方法哪里简便吗？

思考分析

在计算连加或连减时，我们的运算顺序一般是从左到右，但有时根据数的特点，**我们也可以通过小括号来改变运算顺序**。故事中的两道计算题就是如此，通过观察，我们可以发现第一道题中的后面两个数相加能够凑成 200，第二道题中的后面两个数相加能够凑成 600，这样我们就可以先算能凑成整百的数。乐乐正是采用了这样凑整的方法，才使计算变得更加简便。

拓展思路

你能用简便方法计算下面两道题吗？

72 + 365 + 128；　　　924 − 356 − 244。

答案提示

72 + 365 + 128

= ________________

= ________________

= ________

924 − 356 − 244

= ________________

= ________________

= ________

智慧提升

在进行连加的计算时，如果其中两个加数相加可以凑成整十或整百数，我们就把这两个加数先加起来，然后再和其他的加数相加；在进行连减的计算时，如果减数相加能够凑成整十或整百数，我们可以先把减数相加，然后再用被减数减去这两个减数的和。

拉牛

故事分享

星期天，淘淘去了伯伯家。伯伯家新开了一个养牛场，淘淘跟着伯伯度过了忙碌的一天。他跟着伯伯运牛，跑了 5 次，前两次总共运了 190 头牛，第 2 次和第 3 次一共运了 155 头牛，第 3 次和第 4 次一共运了 210 头牛，最后两次一共运了 225 头牛。

晚上，伯伯数了一下今天运来的牛，一共 500 头。伯伯问淘淘："你知道第 3 次运了多少头牛吗？""这个……"淘淘心里想："伯伯是在考我，我可要认真思考喽！"淘淘苦思冥想，终于求出了牛的头数。当他把答案告诉伯伯时，伯伯夸他是好样的。同学们，你们知道淘淘是怎样求出结果的吗？认真想一想，你也能算出来。

思考分析

我们知道“前两次总共运了 190 头牛”和“最后两次一共运了 225 头牛”，还知道这天一共运了 500 头牛。用总头数减去前两次和后两次运的牛的头数就是第 3 次运的牛的数量，即 500 − 190 − 225 = 310 − 225 = 85 头牛。

拓展思路

求出了第 3 次运的牛的数量，淘淘还一直在想，还能求出第几次运的牛的数量呢？同学们，你们能求出第 1 次和第 5 次各运了多少头牛吗？

答案提示

根据上面的条件，我们可以求出第 1 次运了多少头牛：500 − 155 − 225 = 345 − 225 = 120（头）。我们也可以求出第 5 次运了多少头牛：________________________________。

智慧提升

对于一些较复杂的数量关系，我们可以采用认真分析、缜密思考的策略，找准解决问题的突破口，这样更容易化难为易，让解决问题变得简单。

消防云梯

故事分享

一天，乐乐在看消防安全纪录片，妈妈问："乐乐，火警电话是多少？""119。"乐乐脱口而出。妈妈为乐乐竖起了大拇指："真棒！去年新世界百货失火，去了3辆消防车才将火扑灭，好在没有人员伤亡，真是太危险了！所以一定要注意安全！"乐乐点点头。"妈妈来考考你：消防云梯一般有78米，每层楼大约3米高，如果30层着火了，消防云梯能够着吗？可要认真想一想哦。"

思考分析

要解决这个问题，我们可以用乘法来解决。一层楼高3米，从一层到二层是 3 米，从二层到三层是 3 米，……从二十九层到三十层是 3 米，30 层楼高就是 29 个 3 相加，也就是 $29 \times 3 = 87$ 米，30 层楼高 87 米。$87 > 78$，所以消防云梯不能到达 30 层。

拓展思路

我国最高的消防云梯是 101 米，在这个安全范围内，买多少层以下的房子比较安全？

答案提示

我们已经计算了 30 层的楼高 87 米，而消防云梯是 101 米，$101 - 87 = 14$（米），$14 - 3 - 3 - 3 - 3 = 2$（米）。因此，101 米的消防云梯可以到达的最高楼层是 ______________ 层，购买房子在 ______ 层及以下比较安全。

智慧提升

我们用数学的知识解决了楼层问题，在计算楼层的时候，注意联系生活实际进行思考。小朋友，虽然有消防员叔叔保护我们的生命安全，但最重要的还是不要随意玩火啊！

派车

故事分享

春天到了，百花盛开，正是外出踏青的季节。乐乐的班主任王老师告诉大家一个好消息：本周五班级要组织一次春游活动。听到这个激动人心的消息，同学们都欢呼雀跃，个个盼着周五早点到来。班主任王老师交给淘淘和乐乐一个重要的任务：给全班 48 名同学和 2 位老师安排车辆。王老师说有两种汽车可选，一种是可坐 4 人的小汽车，还有一种是可坐 6 人的面包车，要求不能有空位。这可是个重要任务，不仅关系到班级的出行问题，还关系到两人的能力问题，两人可得好好盘算一下。两个人思考、讨论了一番，又在纸上写写画画，终于按照王老师的要求把派车方案想出来了。他们兴奋地把自己的方案拿给王老师看，王老师看后不住地点头，夸他们两个是班上的“数学小天才”呢！听了王老师的表扬，淘淘和乐乐开心得都要蹦起来了。

小朋友，你知道他们想到的派车方案是什么吗？

思考分析

在解决如何派车问题时，我们首先要了解的信息是：**1. 有多少人要坐车；2. 有什么样的车可选；3. 派车有什么要求。**结合故事中的信息我们可以了解到：1. 48 名学生和 2 名老师共 50 人要坐车；2. 可选的车辆有两种，一种是每辆可坐 4 人的小汽车，一种是每辆可坐 6 人的面包车；3. 要求不能有空位。结合上面三条信息，通过计算，我们可以得到以下几种符合要求的派车方案：

方案	小汽车 / 辆	面包车 / 辆	乘坐人数 / 人
一	2	7	50
二	5	5	50
三	8	3	50
四	11	1	50

拓展思路

如果每辆小汽车的租金为 50 元，每辆面包车的租金为 70 元，上面几种派车方案哪种最省钱?

答案提示

要想知道哪种派车方案最省钱，最直接的方法就是把每种派车方案所需要的费用都计算一下，然后比较哪种方案租金最少就可以了。

方案	小汽车／辆	面包车／辆	租金／元
一	2	7	______
二	5	5	______
三	8	3	______
四	11	1	______

通过比较我们可以发现：2 辆小汽车、7 辆面包车这种派车方案最省钱。

智慧提升

在解决派车这类问题时，我们的原则是找到既没有空位又省钱的方案，可以通过列表和比较，寻找出最优方案。

有趣的火柴棒游戏

故事分享

在日常生活中，我们可以利用火柴棒来做游戏。有一天，淘淘和乐乐一起研究火柴棒游戏。“用 13 根火柴棒可以摆成四个正方形（如下图）。”乐乐边说边摆。

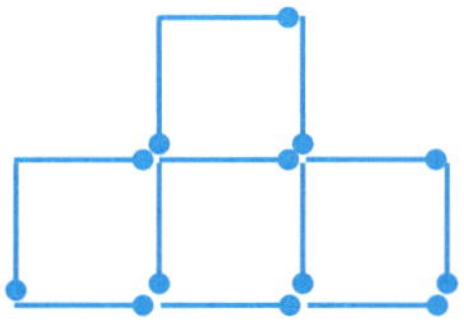

乐乐说：“我的问题是：你能从图中去掉 3 根火柴棒，使图形变成 3 个正方形吗？去掉哪 3 根呢？再去掉 2 根火柴棒，使图形变成 2 个正方形，去掉哪 2 根呢？”

乐乐刚说完，淘淘就回答说：“太简单了！拿掉图中上面、左面和右面任意一个小正方形的最外面 3 根火柴棒就可以使图形变成 3 个正方形（如下图）。

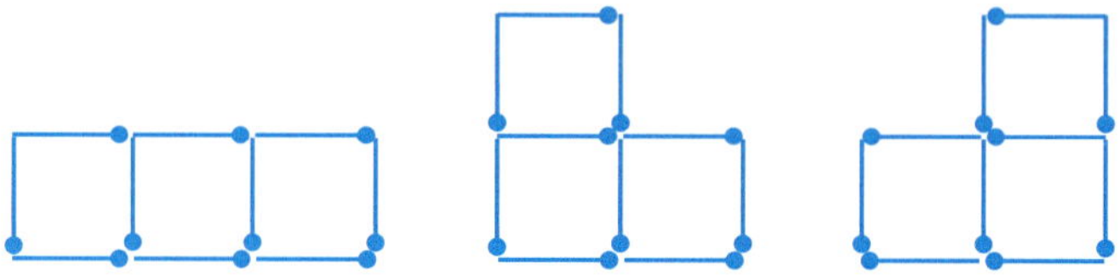

如果再去掉 2 根火柴棒，使图形变成 2 个正方形，则去掉后如下图。”

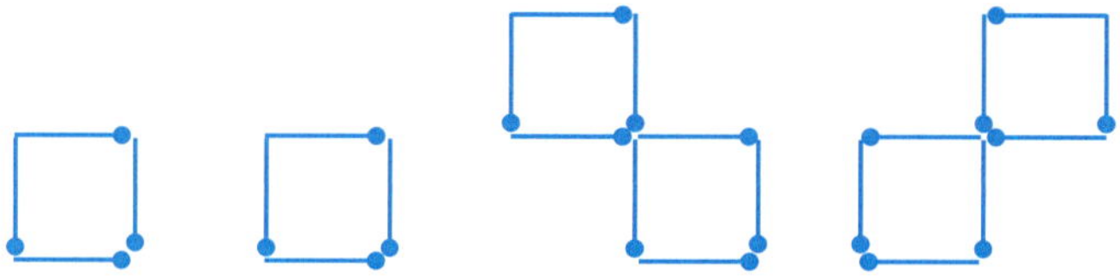

淘淘的回答令乐乐特别满意。

拓展思路

淘淘接着给乐乐出了一个题目：“还是用 13 根火柴棒摆成 4 个正方形，你能从图中去掉一根火柴棒，使图形变成 3 个正方形吗？去掉哪一根呢？”乐乐也巧妙地回答了出来。同学们，你知道乐乐是怎样回答的吗？

答案提示

拿掉图中下面正中间的 1 根火柴棒就可以使图形变成 3 个正方形（如下图）。

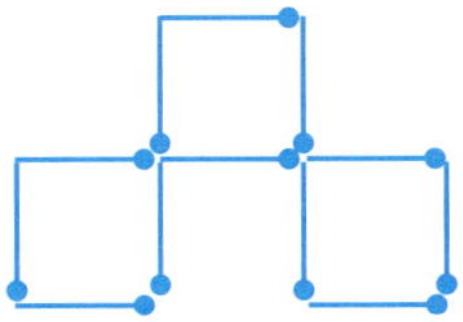

智慧提升

火柴棒游戏更多的是给我们以智慧的启迪，让我们在游戏中学会思考，在思考中发展思维，借助直观操作展示思维过程，收获游戏带来的快乐。

买比萨

故事分享

每到周四，“小吃货”淘淘总会让妈妈带他到旺旺比萨店去吃比萨，因为周四是旺旺比萨店搞活动的日子。这不，妈妈带着淘淘又来到了比萨店。

一进门，销售员阿姨就笑眯眯地迎了上来：“淘淘，我们店里今天有特大优惠活动哦！”听话音，我们就知道淘淘是这家店的老顾客了，要不然阿姨怎么会知道他的名字呢？淘淘迫不及待地问：“阿姨，今天有什么优惠活动？”阿姨笑着说：“今天的活动是买一送一！原价 12 元一块的比萨，现在买一块送一块，而且四种口味任选哦！”“哇，活动力度这么大，我岂能错过！”淘淘心里乐开了花。他和妈妈一起走到橱窗前，看到了今天搞活动的比萨就摆在那里，一个大的比萨被平均分成了 8 块，一块 12 元，今天买一块送一块。淘淘和妈妈买了两块，送了两块，24 元一共买了 4 块比萨呢！在回家的路上，妈妈问：“淘淘，你知道 4 块比萨合起来是整个比萨的几分之几吗？”淘淘看了看盒子中的比萨，想了想说：“我知道了，4 块比萨合起来是整个比萨的$\frac{4}{8}$。”说话间，小馋猫淘淘已经开吃了。

小朋友，你认为淘淘说的对吗？

思考分析

一个比萨平均分成 8 块，每块是整个比萨的$\frac{1}{8}$，淘淘一共买了 4 块比萨，也就是 4 个$\frac{1}{8}$，4 个$\frac{1}{8}$相加等于$\frac{4}{8}$，用图可以表示如下：

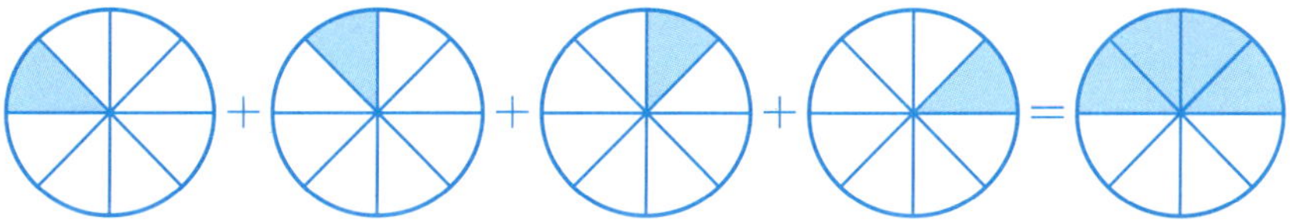

所以淘淘说得对。

拓展思路

妈妈又问淘淘：如果把我们买的 4 块比萨看成一个整体，你吃了一块，还剩几分之几呢？

答案提示

如果把 4 块比萨看成一个整体，吃了一块，也就是吃了$\frac{1}{4}$，还剩$\frac{3}{4}$，我们可以用图这样表示：

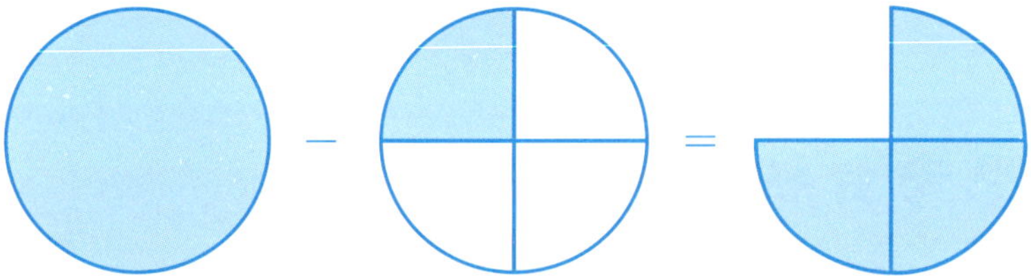

智慧提升

在本故事中，涉及我们学习的同分母分数加减法问题。在计算同分母分数加法时，分母不变，分子相加；在计算同分母分数减法时，分母不变，分子相减。

巧分果汁

故事分享

今天，淘淘参加数学比赛获了大奖，淘淘爸爸为了庆祝，特地将淘淘的好朋友乐乐、飞飞也邀请来。快该吃饭了，淘淘爸爸在餐桌上摆了 7 杯满杯的果汁、7 杯半杯的果汁和 7 个空杯。“淘淘，你能将这些杯子和果汁平均分给乐乐、飞飞和你吗？每人都分得 7 个杯子和三杯半果汁。”爸爸是想考考淘淘，淘淘当然明白。他拿起满杯的果汁就要往空杯子里倒，爸爸拦住了他，说：“记住，不许往杯子里倒果汁。”同学们，你们想一想，淘淘应该怎样来分果汁呢？

思考分析

淘淘可以这样来分果汁：一共 7 杯满杯的果汁，先分给乐乐、飞飞每人各 3 杯，剩下的 1 杯分给自己。再把 7 杯半杯的果汁先分给乐乐、飞飞每人各 1 杯，剩下的 5 杯分给自己，这样每人都分够了三杯半果汁。这时，乐乐和飞飞分别分了 4 个杯子，淘淘分了 6 个杯子。再将 7 个空杯分别分给乐乐和飞飞各 3 个，剩下的 1 个空杯给淘淘，这样每人都分得 7 个杯子和 3 杯半果汁了。

拓展思路

淘淘是这样来分的，你还有不同的分法吗？请将你的想法与小伙伴们一起分享。

答案提示

我们还可以这样来分果汁。

方法一： 先分给乐乐、飞飞每人各 2 杯满杯的果汁，剩下的 3 杯满杯的果汁分给淘淘。再把 7 杯半杯的果汁分给乐乐、飞飞每人各 3 杯，剩下的 1 杯分给淘淘，这样每人都分够了三杯半果汁。这时，乐乐和飞飞分别分了 5 个杯子，淘淘分了 4 个杯子。再将

7 个空杯分别分给乐乐和飞飞各 2 个，剩下的 3 个空杯给淘淘，这样每人都分得 7 个杯子和三杯半果汁了。

方法二： 三人各拿 1 杯满杯的果汁、1 杯半杯的果汁和 1 个空杯。这样剩下的就是 4 杯满杯的果汁、4 杯半杯的果汁和 4 个空杯。淘淘先拿 4 杯半杯的果汁，剩下的平均分给乐乐和飞飞，两人各拿 2 杯满杯果汁和 2 个空杯。

…………

智慧提升

巧妙进行平均分配，需要我们认真思考，找到平均分配的策略，这样思考能够让我们的思维更加缜密，思考问题更加全面。

哪一项是特色活动呢

故事分享

淘淘的学校每年都有体育节，在开展体育活动之前，每个年级都要选出一项大家最喜欢的活动当作自己年级的特色活动，每个人只能选一项。淘淘、飞飞、乐乐三个人准备用各自的方法进行数据整理和表示。

淘淘：

飞飞：

9	16	13	7

淘淘和飞飞用了不同的方法，都统计出了班级里喜欢各项活动的总人数。方法不一样，但是结果都是正确的。

思考分析

他们年级喜欢跳绳的人最多，喜欢跑步的人最少，这个班一共有 45 人。

拓展思路

乐乐的统计方法和他们都不一样，乐乐是用画“正”字的方式进行统计的。你能写出乐乐是如何统计的吗？

答案提示

喜欢跳绳项目的人最多，喜欢跑步项目的人最少，这个班一共有：________________（人）。

智慧提升

学生能初步学会收集数据，感受生活中处处有数学，会把数据收集、分类，掌握整理数据的方法，比如用画“×”“正”以及数数等方法整理数据。

巧称体重

故事分享

淘淘、乐乐、飞飞和花花一起放学回家，路过一家商店，看到一个磅秤，他们很想知道自己的体重。于是，淘淘就站在磅秤上，但磅秤没有一点儿反应。经过询问，他们才知道这个磅秤最少称 50 千克。而淘淘他们每个人的体重都不超过 50 千克。看到这里，花花说："我们还是走吧！这里没办法称体重。""真的没有办法称出体重吗？"乐乐好像有了办法，"我们可以每次称两个人的体重。"笑笑追问道："每次称两个人的体重怎么知道我们每个人的体重呢？"飞飞说："你就听乐乐的安排吧！我帮你们称。"第一次，淘淘和乐乐一起称，重 61 千克；

接着，淘淘和花花一起称，重 57 千克；最后，花花和乐乐一起称，重 56 千克。飞飞记录下了这些数据，不一会儿，他们就计算出了各自的体重。同学们，你们知道他们是怎样计算出自己体重的吗？

思考分析

我们根据淘淘和乐乐一起称重 61 千克，淘淘和花花一起称重 57 千克，可以求出乐乐比花花重 4 千克；再根据花花和乐乐一起称重 56 千克，可以求出乐乐的体重是 30 千克；然后求出花花的体重是 26 千克，淘淘的体重是 31 千克。

我们还可以这样想：根据淘淘和乐乐一起称重 61 千克，淘淘和花花一起称重 57 千克，花花和乐乐一起称重 56 千克，将（61 + 57 + 56）÷2 = 87 千克，求出的就是淘淘、花花和乐乐的体重和。再根据淘淘和乐乐一起称重 61 千克，我们可以求出花花的体重是 87 − 61 = 26 千克；接着根据淘淘和花花一起称重 57 千克，我们可以求出乐乐的体重是 87 − 57 = 30 千克；最后根据花花和乐乐一起称重 56 千克，我们可以求出淘淘的体重是 87 − 56 = 31 千克。

拓展思路

在大家的要求下，飞飞也称了体重。首先，飞飞、淘淘和乐乐一起称，重 93 千克。接着，飞飞、乐乐和花花一起称，重 88 千克。最后，飞飞和淘淘一起称，重 63 千克；花花和淘淘一起称，重 57 千克。同学们，你们知道他们是怎样计算出自己体重的吗？请认真想一想。

答案提示

我们根据飞飞、淘淘和乐乐一起称重 93 千克，飞飞、乐乐和花花一起称重 88 千克，可以求出淘淘比花花重 ____ 千克。再根据花花和淘淘一起称重 57 千克，可以求出淘淘的体重是 ____ 千克，花花的体重是 ____ 千克。最后根据飞飞和淘淘一起称重 63 千克，可以求出飞飞的体重是 ____ 千克。那么，乐乐的体重是 ____ 千克。

智慧提升

对于多个人称重问题，需要我们对称得的质量进行比较，找到其中的数量关系，从而求出每一个人的体重。这样进行思考，让我们在比较中明晰数量关系，能够更准确地在复杂数量中抓住主要数量关系解决问题。

兴趣小组中的数学

故事分享

这天上午，张老师走进教室，要统计参加体育兴趣小组和美术兴趣小组的人数。体育兴趣小组是每周周二下午举行活动，美术兴趣小组是每周周三、周五下午举行活动。这两个兴趣小组的活动可是全班 40 名同学最喜欢的课外活动。

张老师说："现在我要统计一下参加兴趣小组的人数，参加体育兴趣小组的请举手。"张老师数了一下，一共 26 人。接着，张老师又统计了参加美术兴趣小组的人数，一共 21 人。张老师有些奇怪，全班同学都参加了兴趣小组，怎么人数不对呢？乐乐看出了张老师的疑惑，就悄悄地告诉张老师："张老师，有两个兴趣小组都参加的同学。"张老师恍然大悟。接着，张老师说："请两个兴趣小组都参加的举手。"淘淘马上站起来说："张老师，不用让大家举手我就知道两项活动都参加的人数。"张老师一看，今天这两个数学活宝都在帮助自己想办法，很高兴，就说："说说你的想法吧！"当淘淘把自己的想法说出来时，张老师和同学们都给淘淘热烈鼓掌。淘淘心里美滋滋的。同学们，你们知道淘淘是怎样算出两个活动都参加的人数的吗？抓紧时间动脑筋想一想吧！

思考分析

淘淘是这样思考的：参加体育兴趣小组的有 26 人，参加美术兴趣小组的有 21 人。26 + 21 = 47（人），这是因为参加两个兴趣小组的人数在两个兴趣小组内被重复统计了两次，用这个数再减去全班的人数，就是两个兴趣小组都参加的人数，也就是 47 − 40 = 7 人。

拓展思路

乐乐早就按捺不住自己激动的情绪，大声地说："淘淘的方法不错！我还有不同的方法。"同学们，你们认真想一想，还有其他什么方法？

答案提示

既然全班同学都参加了兴趣小组，从总人数中去掉参加体育兴趣小组的人数就是只参加美术兴趣小组的人数，40 − 26 = 14（人），而实际参加美术兴趣小组的有 21 人。也就是说，实际参加美术兴趣小组的人数可以分成两部分，一部分是只参加美术兴趣小组的人数，另一部分是既参加美术兴趣小组又参加体育兴趣小组的人数。________________（人），求出的就是两个兴趣小组都参加的人数。

智慧提升

我们要学会从不同角度进行思考，这样才能更有利于拓展思考角度，拓展数学思维。

我爱数学阅读

故事分享

淘淘酷爱数学，还是个小书迷，有一天他和好朋友花花一起津津有味地看《数学画报》。喜欢玩猜数游戏的乐乐来了，今天，他自己出了一道猜数游戏的题目，准备考一考淘淘和花花。花花有些担心，淘淘胸有成竹地说："我特别喜欢玩猜数游戏，尽管放马过来吧！"乐乐微笑着说："那你们就来试试吧。请你们猜一猜，下页图竖式中的汉字表示多少？"

	1	我	0
−		3	爱
	阅	爱	爱
+	1	数	学
	读	8	9

我 =（　　）　爱 =（　　）　数 =（　　）

学 =（　　）　阅 =（　　）　读 =（　　）

思考分析

解决这个问题时，可以先找到一个字作为突破口，再逐个突破。我们可以先观察在减法中个位 0 − 爱 = 爱，爱可以是 0。再看加法中个位，爱 + 学 = 9，因为爱 = 0，所以学 = 9。接着研究十位，我 − 3 = 爱，因为爱 = 0，所以我 = 3。爱 + 数 = 8，因为爱 = 0，所以数 = 8。最后研究百位，1 − 0 = 阅，所以阅 = 1。阅 + 1 = 读，因为阅 = 1，所以读 = 2。综上所述：我 = 3，爱 = 0，数 = 8，学 = 9，阅 = 1，读 = 2。

拓展思路

乐乐仔细看了看淘淘的解法，认真想了想，对淘淘说："这个问题的答案可不止一种哦，你还有其他的想法吗？”

答案提示

我们还可以先观察在减法中，个位 0 －爱＝爱，爱还可以是 5。有了突破口，继续推理吧！我们可以得到答案：我＝ _____，爱＝ _____，数＝ _____，学＝ _____，阅＝ _____，读＝ _____。

智慧提升

解决这个猜数问题时，可以先找到一个字作为突破口，再逐个突破。有时问题的答案并不是唯一的，我们可以从不同角度进行尝试调整，也能解决问题！

放学啦

故事分享

淘淘、飞飞和乐乐放学后喜欢在学校周边活动。今天放学，妈妈接到淘淘后，淘淘对妈妈说："我今天想去体育馆打篮球！"淘淘主动要求进行体育活动了，妈妈特别高兴，他们两个骑车径直向北去；飞飞的爸爸要去邮局寄个包裹，于是他和飞飞向东走去；乐乐的爷爷带着乐乐向东北方向走去。根据下面的示意图猜一猜，乐乐今天放学去了哪里？

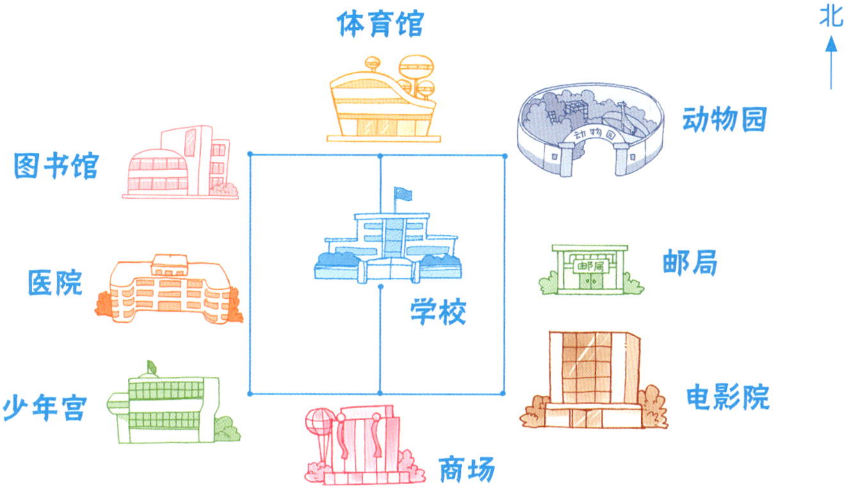

思考分析

下面是一个方向板，东北方在东方和北方之间，对照方向板想一想，乐乐今天去了哪里啊？请你把方向板填写完整。

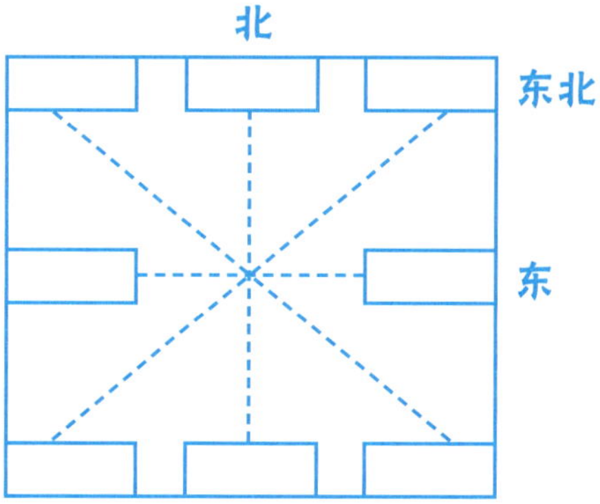

拓展思路

乐乐看到大家将方向板填好了，就问花花："少年宫在学校的什么方向呢？"花花拿出方向板，看了一下说："这简单，少年宫在学校的西南方向。"乐乐看了一下，接着问道："学校在少年宫什么方向呢？"花花想了一下，说："也是西南方向。"乐乐笑了，说错了，花花看着乐乐怎么也想不明白怎么错了。同学们，你们知道吗？

答案提示

"学校在少年宫什么方向"是以少年宫为观测点来观察的，我们用方向板的中心对着少年宫，就会发现：学校在少年宫的________方向。

智慧提升

在辨别方向的时候，我们可以借助方向板来辨认。在辨别时，先找到观测点，再进行判断，这样不容易出错。

参观动物园

故事分享

星期天，淘淘和乐乐一起到动物园游玩。一走进动物园大门，他们就看到了下面一幅动物园的平面图：

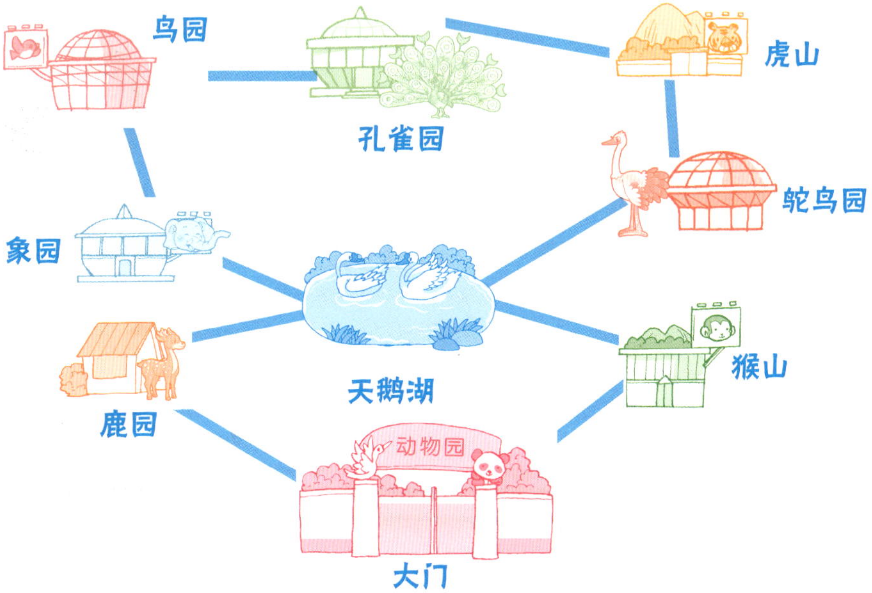

看完平面图，淘淘犯起愁来："这么多场馆，这么多条路，我们怎么走才好呢？"乐乐瞪大眼睛仔细研究了一下地图，然后一边指着地图一边兴奋地说："有了！我们可以这样走。这样走的话，我们既参观了动物园里的每个场馆，又没有重复走路，岂不是一举两得！"淘淘边点头边说："嗯，有道理。那还等什么，我们赶快出发吧！"说完，两人向猴山跑了过去。

小朋友，你能猜到乐乐说的是什么路线吗？

思考分析

通过看图我们发现，动物园里的路有很多，而乐乐却找到了一条既参观了每个场馆又没有走回头路的线路。既然两人从大门向猴山跑了过去，我们可以在图上找一找，结果会发现下面这条路线就符合乐乐所说的条件：

大门→猴山→天鹅湖→鸵鸟园→虎山→孔雀园→鸟园→象园→天鹅湖→鹿园→大门。

拓展思路

想一想，除了淘淘和乐乐选择的路线，你还能在图中找到既参观到每个场馆，又不走回头路的路线吗？快来试试吧！

答案提示

大门→鹿园→天鹅湖→__________→鸟园→孔雀园→虎山→鸵鸟园→天鹅湖→__________→大门。

智慧提升

像参观动物园这样不重复且走完整个路程的问题我们把它称为“一笔画”问题。所谓“一笔画”就是笔不离纸、不重复地画完整个图形，最早提出“一笔画”的是瑞士数学家欧拉。利用“一笔画”可以帮助我们解决生活中的很多问题。

旅游中的数学

故事分享

暑假到了，乐乐的妈妈计划带乐乐去“山水甲天下”的桂林旅游，乐乐知道后开心极了，他们打算在网上预订飞机票和酒店。妈妈在网上搜索了半天，还是拿不定主意到底应该预订哪个航班和哪家酒店，乐乐看到妈妈犹豫不决，赶紧来帮妈妈拿主意。

乐乐看到网上有特价机票，郑州至桂林的特价机票成人票价为 670 元（儿童同成人价），返程票价价位不变。除了特价机票还有普通机票，普通机票是一个大人带一个儿童，票价为 1880 元，如果加返程机票只需要加 160 元。乐乐和妈妈究竟订哪种机票最便宜呢？

思考分析

如果预订特价机票，乐乐和妈妈单程机票需要：670 × 2 = 1340（元），往返票一共需要：1340 × 2 = 2680（元）。如果订普通机票，往返一共需要：1880 + 160 = 2040（元）。所以订普通机票最便宜。

拓展思路

预定好机票，乐乐和妈妈计划再预订一个酒店，下表是几个条件差不多的宾馆的入住天数和住宿价格。乐乐预订哪一家最划算呢？

宾馆名称	天数 / 天	价钱 / 元
A 宾馆	3	832
B 宾馆	2	601
C 宾馆	4	983

答案提示

我们可以把每个酒店一天的住宿费估算出来，A 宾馆每天大约：832 ÷ 3 ≈ 280（元），B 宾馆每天大约：601 ÷ 2 ≈ 300（元），

C 宾馆每天大约：983÷4 ≈ 250（元），_____ < _____ < _____，所以预订 _____ 宾馆最划算。

智慧提升

数学真是无处不在，生活中处处有数学！旅游中我们也可以运用估算、比较、分析等数学方法来节约成本，制订更合适的旅游攻略。

有趣的“格子算法”

故事分享

淘淘周末在家阅读数学课外书籍，他读到了印度的乘法计算——格子算法。他觉得这种格子算法的乘法计算非常有意思！我们现在的笔算源于印度沙盘算，沙盘算是印度人民最伟大的发明创造之一。后来，印度沙盘算传入阿拉伯，产生了土盘格子算法。那么，格子算法到底是怎么算的？

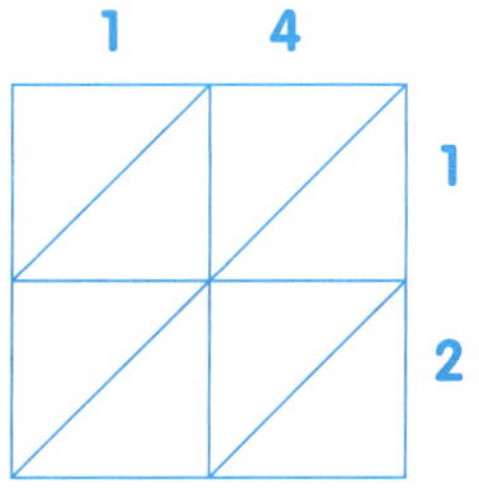

先画出四个方格，再打上斜格，以 14×12 为例，把一个 14 写在上面，把 12 写在右列。然后用上面乘数的每位数字依次乘右面乘数的每位数

字，每一次相乘的积填入相应的格子中。方格从右下至左上，分别是个位、十位、百位和千位，没有的话用 0 占位。你会用格子算法来计算 14×12 吗？试一试吧！

思考分析

我们在用这种计算方法时，可以按照画格子、写因数、填格子、斜求和的计算过程来计算。把每两个数字相乘的积写在它们对应的方格里，最后把同一斜行里的数都加起来，计算过程如下：

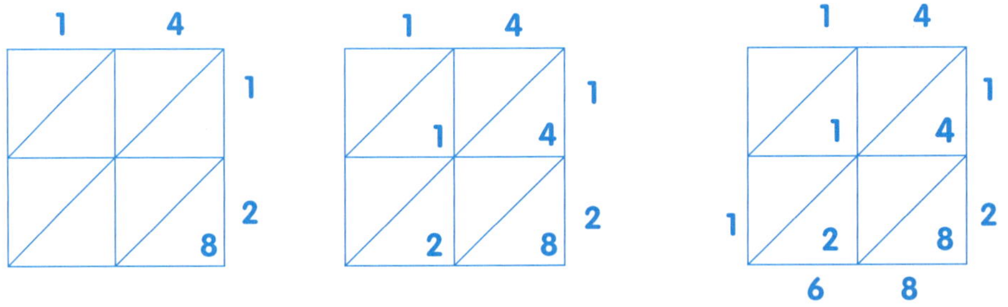

拓展思路

如果遇到有进位的情况，你还会用格子算法计算吗？试着用格子算法算一算 15×23 吧！

答案提示

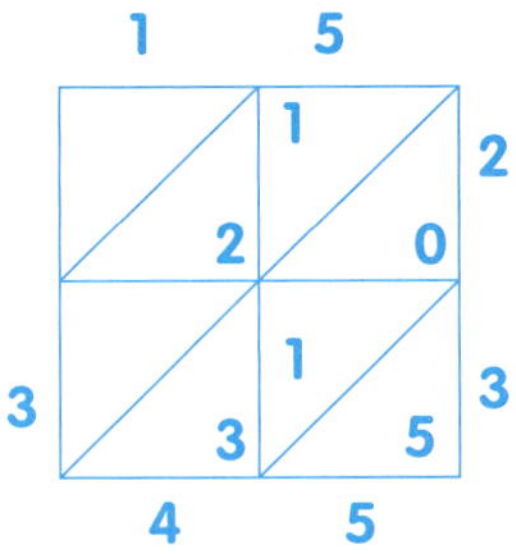

用格子算法算出的积是 ______。

智慧提升

格子算法是一种直观、简便的乘法计算方法，和我们的笔算乘法之间有一定的联系。格子算法让我们体会到数学真是巧妙而充满智慧！

农家乐

故事分享

这个周末天气极好，淘淘跟着爸爸妈妈来到了一个农庄。这里的人好多啊！看样子都是趁着节假日来郊区休闲度假的。在风景秀丽的农庄内可以吃农家盛宴，住原生态木屋，摘农家水果，最让淘淘高兴的是可以自己开垦农田，体验农民伯伯种植收获的辛苦与欢喜。其中一部分农田被分割成大大小小不同形状的块状田地，自己可以去领种任意一块。淘淘在众多块状田地中看上了两块，一块是靠墙的长方形田地，一块是正方形的田地。

爸爸说："你自己在这两块中选一块吧，我们一会儿要给它围上栅栏，就成我们的小菜园了。你计算一下面积和需要栅栏的长度，我们要根据面积付钱，还要依据栅栏的长度去购买栅栏，你可要好好计算一下我们认领哪一块更划算啊。"

思考分析

其实这就是生活中的数学，主要是计算长方形和正方形的面积和周长，这个长方形还有一面是靠墙的，在计算周长的时候这一边就不需要计算了，这就要做到灵活运用所学知识。

长方形的面积 = 2 × 8 = 16（平方米）

长方形的周长 = 2 × 2 + 8 = 12（米）

正方形的面积 = 4 × 4 = 16（平方米）

正方形的周长 = 4 × 4 = 16（米）

1

拓展思路

如果两块地相邻的两边都靠墙，哪块地用的栅栏多？

答案提示

长方形所用栅栏：______________________________

正方形所用栅栏：______________________________

智慧提升

面积和周长是两个不同的概念，在解决实际问题时要正确区分，才能正确解答。

我的房间我做主

故事分享

乐乐家买了新房子，妈妈让乐乐自己来设计自己房间的装修方案。乐乐打算选择自己喜欢的地砖来铺自己的卧室，他看着自己家的平面图，认真地计算了起来！乐乐的房间地面是长 4 米、宽 3 米的长方形。

周末，乐乐开心地和爸爸妈妈一起来到建材市场选购地砖，有心的乐乐搜集到了这些品牌的瓷砖的规格、价格和性能等情况。乐乐房间买瓷砖的预算不超过 2000 元。乐乐有点为难了，到底应该选择哪一种呢？聪明的同学们，你们能来帮助乐乐吗？

品牌	规格／平方厘米	颜色	单价／（元／块）	性能
A	80×80	米白色	126	防滑、耐磨、持久、环保
B	80×80	浅灰色	89	防滑、耐磨、环保
C	80×80	深灰色	79	耐磨、环保

思考分析

我们可以根据**长方形的面积＝长×宽**，计算出乐乐房间需要铺砖的面积为：4×3＝12（平方米）。再算出需要使用的地砖块数，12 平方米＝120000 平方厘米，120000÷（80×80）＝18.75（块），至少需要购买 19 块。所以，乐乐房间如果选择不同的品牌的瓷砖需要的价钱也不同，分别是 A 品牌：19×126＝2394（元），B 品牌：19×89＝1691（元），C 品牌：19×79＝1501（元）。A 品牌瓷砖最贵，超过了 2000 元，B 品牌和 C 品牌的瓷砖都符合预算，和 C 品牌相比，B 品牌性能较好，所以选择 B 品牌。

拓展思路

铺地砖时除了要选购好地砖，还要考虑人工费和材料费用。乐乐的妈妈选好了两位铺砖工人，每人每天 280 元，铺砖共需要半天，材料费按铺砖的面积计算，合 49 元 / 平方米。妈妈把计算装修费用的任务交给了乐乐，快来帮助乐乐算一算吧！

答案提示

铺砖人工费：______________________

材料费：______________________

总共：______________________

智慧提升

其实装修和数学密切相关，需要我们用所学到的数学知识解决实际问题。我们在设计装修方案时要考虑实际，计算正确，还要尽量节约成本、环保。

年、月、日的故事

故事分享

淘淘在数学课上学完年、月、日的知识后，他非常好奇一个问题："每个月的天数为什么会不一样呢?"课后，他查阅了很多资料，发现各月的天数是人为规定的，这背后还有一个有意思的故事呢！

相传是公元前46年，古罗马的首领儒略·恺撒制定历法。由于他自己出生在7月，为了表示他的伟大，决定将7月改为"儒略月"，连同所有的单月都规定为31天，双月为30天。这样一年就多出一天，2月是古罗马处死犯人的月份，为了减少处死的人数，将2月减少1天，为29天。

后来恺撒的继承人奥古斯都继位后，他又修改了之前的历法。他仿照恺撒的做法，把自己的出生月8月增加了一天，定为“奥古斯都月”，并把10月、12月也改为31天，将9月、11月改为30天。全年又多出1天，他又从2月减少了1天，于是2月变成了28天，到闰年才29天。这样沿袭下来，就成了我们现在所熟知的“一、三、五、七、八、十、腊，三十一天永不差；四、六、九、冬三十天；平年二月二十八；闰年二月把一加”的阳历历法。同学们，你们知道平年的一年天数是怎么计算出来的吗？快来算算吧！

思考分析

平年的2月有28天，我们可以先算出平年的大月天数和小月天数再加上2月的天数就是一年的天数了。大月：1、3、5、7、8、10、12共7个月，每个月31天，$31\times7=217$（天），小月：4、6、9、11共4个月，每个月30天，$30\times4=120$（天）；$217+120+28=365$（天），所以**平年一年的天数有365天**。

拓展思路

我们已经认识了年、月、日，你知道“季度”吗？在我国，人们把**一年的12个月分成四个季度，每个季度历时3个月**。你能算出每个季度分别有多少天吗？

答案提示

第一季度（1～3月）：31 + 28（或29）+ 31 = 90（天）（或91天）。

第二季度（4～6月）：30 + 31 + 30 = 91（天）。

第三季度（7～9月）：31 + 31 + 30 = 92（天）。

第四季度（10～12月）：______________________（天）。

原来第 _____ 季度和第 _____ 季度的天数一样多呢！

智慧提升

年、月、日与我们的生活密切相关，年、月、日中的数学问题还有很多很多！只要我们留心观察，勤于思考，就能发现更多年、月、日的小奥秘！

消费中的小陷阱

故事分享

淘淘的妈妈每周末都要带淘淘去超市购物，妈妈喜欢喝牛奶，所以每次去超市她都会买一些鲜牛奶回来。周末的早晨，阳光明媚，淘淘和妈妈又来到了超市。到了超市，淘淘发现，甲柜台前空无一人，大家都挤在了乙柜台前。为什么大家都挤在了乙柜台？好奇的淘淘赶紧走上前去看，原来是乙柜台牛奶降价了，由原来的每箱 56 元降到了 45 元，而且还免费送两袋。“嘿！真便宜，难怪大家都在这里抢购呢！”淘淘赶紧跑上前去，费了好大的劲才抢到了一箱乙牛奶，他抱着这箱牛奶美滋滋地来到收银台，不经意间他发现牛奶包装箱上印着

“250 mL × 18”的字样，淘淘还记得以前的乙牛奶一袋净含量是 280 mL，一箱是 20 袋。为什么今天的标签却是“250 mL × 18”袋呢？难道是印错了？淘淘想了半天，突然明白了，这原来是商家的一个销售计策，乙牛奶并没有降价。同学们，你们知道为什么吗？

思考分析

我们可以根据以前的标签价算出每毫升牛奶多少元，再算出现在每毫升牛奶多少元。淘淘拿着妈妈的手机，借助计算器算出了每毫升牛奶的价格。现在的牛奶：45 元相当于买了 18 袋 250 mL 的，$250 \times 18 = 4500$（毫升），$45 \div 4500 = 0.01$（元）。以前的牛奶：$280 \times 20 = 5600$（毫升），$56 \div 5600 = 0.01$（元）。说明现在与原来的每毫升牛奶的价钱是相同的，所以这样的促销并没有让消费者得到便宜，商家这么做就是为了用这样看似便宜的销售计策引起顾客来购买产品。

拓展思路

淘淘识破了这个计策后，就决定先不买乙牛奶，再看看别的牛奶，正巧这时，丙牛奶的营业员阿姨摆了个大喇叭：“特价鲜奶、特价鲜奶，原价 18 元，现价 10 元，走过路过，不要错过！”淘淘推着小推车路过，拿起一瓶鲜奶就想往购物车里放。妈妈走过来翻看了这瓶特价牛奶的外包装，指给淘淘看：“特价鲜奶的生产日期是 2024 年 5 月 6 日，保质期是 7 天。”淘淘想到今天已经是 11 号了，买了这瓶牛奶回去也是浪费钱。你们知道这是为什么吗？

答案提示

商家标明的保质期是指在这个期限内使用或品尝是最佳也最安全的。5 月 6 日生产的牛奶，保质期是 7 天，那么到 5 月 ______ 日牛奶就过了保质期。所以商家才会降价处理呢！

智慧提升

我们逛超市时会发现商家经常用降价、打折、买赠等方式来促销，在选购特价产品时，一定要根据自己的实际需求来选购。

谁的钢笔便宜些

故事分享

新学期开学了，淘淘和乐乐各自买了一支新钢笔。淘淘说："乐乐，你的钢笔多少钱？"乐乐说："8.5 元，你呢？"淘淘说："哦，咱俩的钢笔价钱一样啊！我付给了店长 10 元，他找给我 2 元 5 角。"咦，一样吗？乐乐在心里犯嘀咕，10 元找回 2 元 5 角，他的钢笔是 8 元 5 角吗？我怎么感觉不太对呢？

小朋友，你觉得淘淘和乐乐的钢笔价钱一样吗？

思考分析

淘淘付给店长 10 元，找回 2 元 5 角，也就是找回了 2.5 元，

10 － 2.5 ＝ 7.5（元），也就是说淘淘买的钢笔是 7.5 元，而乐乐买的钢笔是 8.5 元，价钱当然是不一样的了。这个马虎的淘淘，竟然把小数减法给算错了。

拓展思路

既然淘淘和乐乐的钢笔价钱不一样，那么他们两人谁买的钢笔更便宜些呢？

答案提示

乐乐的钢笔是 8.5 元，也就是 ______ 元 ______ 角，淘淘的钢笔是 7.5 元，也就是 ______ 元 ______ 角，7 比 8 小，所以淘淘买的钢笔更便宜些。

智慧提升

我们生活中的元、角、分可以用小数表示，在比较价钱时我们可以把小数与元、角、分联系起来比较，这样会更加容易些。**在计算小数加减法时，一定要注意进位和退位的问题。**

餐饮店中的数学

故事分享

最近，淘淘和乐乐家附近新开了一家快餐店。星期天，淘淘和乐乐两个“小吃货”就约着一起来到了这家快餐店，想美美地吃上一顿。正巧，快餐店推出了开业优惠大酬宾活动：

> **任选下面一种饮料和一种主食搭配享受半价优惠**
>
> **饮料：可乐、果汁**
>
> **主食：汉堡、比萨、三明治**

这可是难得的优惠活动啊！淘淘和乐乐看着宣传页上的活动内容，心里盘算起来：这次有口福了，我们可

得好好享受这次优惠活动。两个人盘算来盘算去，一共想到了六种搭配方法，最后两人又从这六种搭配方法中各自选了一种自己最喜欢的方法！

小朋友，你知道他们想到的是哪六种搭配方法吗？

思考分析

快餐店推出的有两种饮料和三种主食，任选一种饮料和一种主食都可以享受半价优惠，我们可以把搭配的方法列举出来：

可乐
- 汉堡
- 比萨
- 三明治

果汁
- 汉堡
- 比萨
- 三明治

通过列举可以看出：每种饮料都可以和三种主食搭配，一共有 $2\times3=6$ 种搭配方法。

拓展思路

生活中还有很多搭配的问题，你知道从下页图中任选一件 T 恤和一条短裤搭配一共有多少种方法吗？想一想，画一画。

答案提示

解决这个问题，我们同样可以采用列举的方法：

黄色 T 恤 { 蓝色短裤 / 红色短裤 / 黄色短裤

蓝色 T 恤 { 蓝色短裤 / 红色短裤 / 黄色短裤

红色 T 恤 { 蓝色短裤 / 红色短裤 / 黄色短裤

一共有 ______ × ______ = ______ 种搭配方法。

智慧提升

在解决搭配的问题时我们要学会有序地思考，一般可以采用**列举**的方法，如上面一个问题，把一件上衣可搭配的裤子列举完，再列举下一件上衣和裤子的搭配情况，最后再把所有搭配情况相加就可以了。

记忆大师

故事分享

周末，妈妈带淘淘到景区游玩，到家后让他描述所见所闻，他说得既清晰又有条理，妈妈特别满意。为了测试淘淘的记忆力，妈妈拿出一张卡片，如下图所示：

			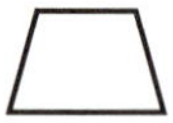
1	2	3	4

妈妈说："淘淘，请记住图形所对应的数字，一分钟后我会打乱图形的顺序，你要说出相对应的数字哦！"淘淘信心十足地点点头。妈妈出的题目如下所示：

1. 

2. 

3. 

4. 

小朋友，你能说出每道题目所对应的数字吗？

思考分析

淘淘脱口而出：“太简单啦，只要记住每个图形所对应的数字，然后按图形的顺序写出数字就可以啦！”妈妈赞许地点点头，淘淘摇晃着小脑袋，开始回答：“1342，2134，3241，4321。”“你真是个小机灵！”妈妈拍拍淘淘的小脑瓜，淘淘谦虚地笑了。

拓展思路

妈妈又拿出一张卡片，如下图所示：

			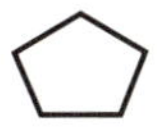			
1	8	3	5	0	7	2

1. 

2.1705

3. 

4.35782

淘淘看了一眼，稍稍有些沮丧，但妈妈说：“孩子，妈妈相信你，你一定会记住的！”

答案提示

淘淘手托腮，默默念道：“这次卡片中图形数量多，对应的数字没有规律，还有数字必须对应图形，好难啊！不过，只要认真记忆，就会得到正确答案的。”过了几分钟，淘淘就说出了答案：

1. ____________________

2. 

3. ____________________

4. 

妈妈激动地说道："全部回答正确，你真是小小记忆大师！"说完开心地拥抱了淘淘，并允诺明天带淘淘去吃比萨。淘淘兴奋地手舞足蹈。小朋友，你是不是也很开心呢？

智慧提升

妈妈考的是淘淘的短时记忆能力，记忆时间在一分钟内，需要记住图形所对应的数字，也需要记住数字所对应的图形，还要仔细审阅题目要求，这样才能更好地运用短时记忆，成为小小记忆大师哦！

火眼金睛

故事分享

最近，淘淘买了一本《火眼金睛》的课外书，每到下课时总会吸引一群同学围上来，大家都想试试自己的眼力怎么样。今天刚下课，就又围上来了四五个同学，抢着说："淘淘，快把你的《火眼金睛》拿出来，今天让我也试试自己的眼力。"淘淘看到自己的书这么受欢迎，开心得不得了，赶紧拿出来翻到了第 26 页，只见上面的问题是：下图中有多少个角？

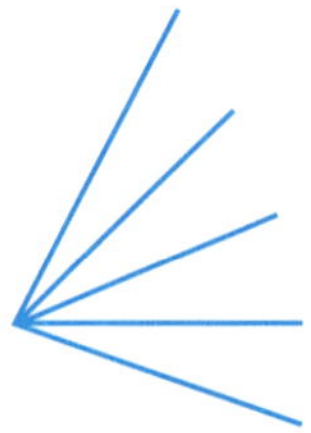

看完问题，大家立刻安静下来，都目不转睛地盯着图看，生怕数漏一个。还是淘淘数得快，他最先举手示意自己已经数出来了，紧接着其他几位同学也数出来了，大家数的结果都是 10 个角。

淘淘怎么数得这么快呢？你想知道其中的秘诀吗？

思考分析

根据角的特点——一个顶点、两条边，所有的角都是由一个顶点和两条边组成的图形。上面这幅图中的角有很多，如果不按顺序来数很容易出错，所以在数的时候一定要按一定的顺序来数。

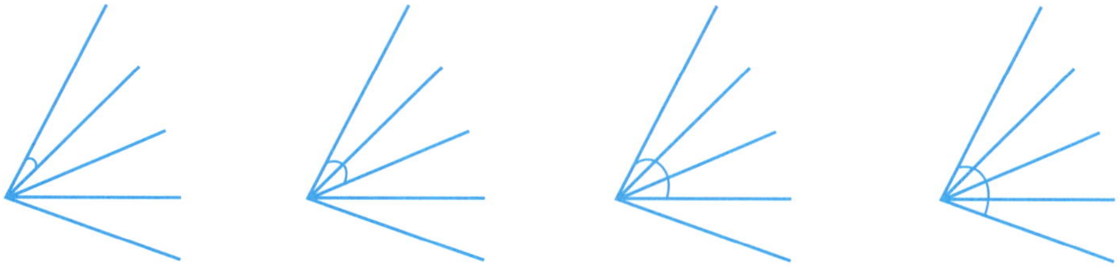

这样的角有 4 个　这样的角有 3 个　这样的角有 2 个　这样的角有 1 个

4 + 3 + 2 + 1 = 10（个）。

拓展思路

你知道下图中有多少个角吗？

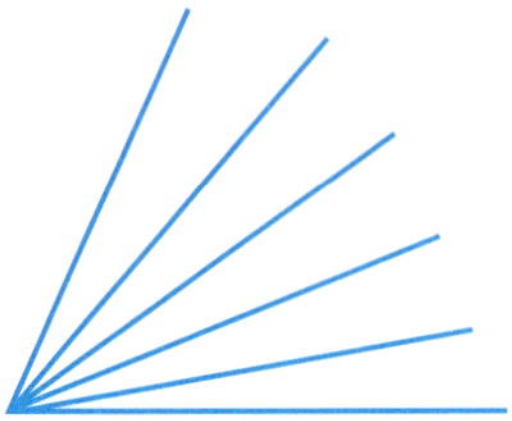

答案提示

按照上面数角的方法可以得到：________________________（个）。

智慧提升

在数角的过程中，要想既不重复又不遗漏，就要按一定的顺序来数，把角分成若干种情况，先数出每种情况角的个数，最后再把每种情况角的个数相加就得到了角的总数。

24点游戏

故事分享

最近，淘淘和乐乐的班上流行起了玩“24点游戏”。所谓“24点游戏”，就是拿一副扑克牌，先去掉里面的大王和小王，然后任意抽取扑克牌中的4张，通过加、减、乘、除的运算使四张扑克牌上的数等于24（四张扑克牌都用且只能用一次）。这既是一个有趣的游戏，也是一个富有挑战性的游戏。淘淘和乐乐痴迷得不得了，一下课，他们俩就聚在了一起。淘淘拿出一副扑克牌，乐乐来抽取，结果乐乐抽到了这样四张牌：

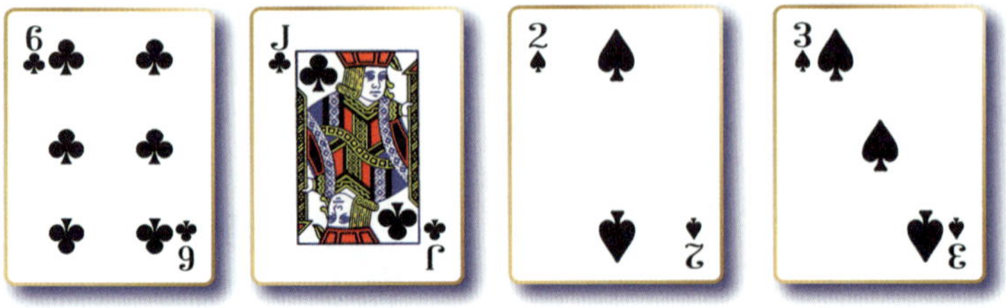

要把这四张扑克牌上的数凑成 24 可不是一件容易的事，可没想到乐乐灵机一动就有了答案，很快就把这四个数字凑成了 24。

小朋友，你知道如何把这四张牌上的数凑成 24 吗？

思考分析

乐乐抽取到的这四张扑克牌上的数分别是 6、11、2、3，这四个数相加是不能得到 24 的，怎么办？这里面的第一张牌是 6，我们可以马上想到 4，如果另外三张牌能够凑出一个 4 的话，那么 6×4 就等于 24 了。剩余的 11、2、3 能凑出 4 吗？

通过观察我们可以发现：$11-3=8$，$8\div2=4$。这样一来就找到了 6 和 4 这两个数，把这两个数相乘，问题是不是就解决了呢？

乐乐也正是采用了这样的方法。

拓展思路

听完乐乐的方法，淘淘很快想到了另外一种方法，聪明的你想到了吗？

答案提示

在抽取的 4 张扑克牌中还有一个比较特殊的数 3，因为 3 乘 8 等于 24，如果我们能把剩余的三个数 6、11、2 凑出一个 8，问题是不是就解决了？

通过观察我们会发现 $6\div2=3$，$11-3=8$，找到了 3 和 8，我们很容易就能得出 24 了。

智慧提升

在玩“24 点游戏”时，抽取的 4 张牌往往不能通过相加得到 24，这时我们就可以从乘法着手。

24 可以看成 4 乘 6，也可以看成 3 乘 8。如果能利用这四张牌先找到 4 和 6 或 3 和 8，问题就变得简单多了。

糖果该给谁

故事分享

淘淘和乐乐是一对好朋友，有了好东西他们两个总会一起分享。今天淘淘带了一些糖果和乐乐一起分享。可分到最后还剩一颗，淘淘给了乐乐，可乐乐又给了淘淘，两个人相互谦让着不肯比对方多吃一颗。怎么办呢？难道把这颗糖果分开，两个人再平分不成？在一旁的淘淘妈妈看不下去了："我给你们想个办法吧，我写好三张字条，分别写上'吃''吃''不吃'，你们两个每人抽取一张字条，剩余的一张由我拿着，谁能根据自己手中的字条猜出我手中的字条，那么这颗剩余的糖果就归谁，可以吗？"两人都觉得淘淘妈妈的办法好，也很具有挑战性。

字条很快写好了，淘淘和乐乐每人抽取了一张，淘淘抽到的字条上写的是“吃”，乐乐抽到的字条上写的是“不吃”，乐乐很快猜到了淘淘妈妈手中字条上的字，结果淘淘妈妈把最后一颗糖果给了抽到“不吃”的乐乐，而抽到“吃”的淘淘却没得到糖果。这样的结局真像给大家开了个玩笑，把三人都逗乐了。

小朋友，你知道为什么是乐乐猜中淘淘妈妈手中字条上的字吗？

思考分析

三张字条上分别写着“吃”“吃”“不吃”，淘淘抽到了“吃”，剩余两张字条一个是“吃”，一个是“不吃”，所以淘淘妈妈手中的字可能是“吃”，也可能是“不吃”，所以他不能确定；而乐乐抽到的是“不吃”，剩余两张字条上的字一定是“吃”，那么淘淘妈妈手中的字也一定是“吃”，所以乐乐一定能猜对淘淘妈妈手中的字。

拓展思路

如果字条上写的是“吃”“不吃”“不吃”，淘淘和乐乐抽到的结果不变，你知道这次他们两个谁一定能猜到淘淘妈妈手中的字吗？

答案提示

如果三张字条上分别写着“吃”“不吃”“不吃”，淘淘抽到了“吃”，剩余两张字条上都是“不吃”，那么淘淘妈妈手中字条上的字一定是“不吃”；而乐乐抽到的是“不吃”，剩余两张字条上的字一个是“吃”，一个是“不吃”，那么淘淘妈妈手中的字可能是“吃”，也可能是“不吃”，所以这一次淘淘一定能猜对妈妈手中的字。

智慧提升

根据给出的信息和信息间的关系，经过层层分析找到答案，这就是推理。推理是我们解决问题时经常用到的一种方法。

各得多少分

故事分享

新学期第一次测验之后，淘淘、乐乐、飞飞三个人聚到了一起，他们想比一比学习成绩。当考卷拿出来后他们发现，这次测验淘淘第一名，乐乐第二名，飞飞第三名。但是彼此的差距并不是很大，每个名次之间各差了1分，若三个人成绩加起来是246分，他们各是多少分呢？

看到这个成绩之后，乐乐下定决心要超过他们。经过努力，在第二次测验中，乐乐终于得到了第一名，飞飞是第二名，而淘淘由于骄傲得了第三名。这次，第一名的乐乐和第二名的飞飞相差4分，飞飞和淘淘相差1分，三个人的总分为 231 分。请问：淘淘、乐乐和飞飞各得了多少分呢？

思考分析

第一次测验中，三个人因为彼此成绩相差不大，每个名次之间各差了 1 分，所以三个人的成绩应该是三个连在一起的两位数。用估算的方法，三个人的成绩应该约是 80 分。3 个 80 分相加就是 240 分，还余 6 分，由于三个人的成绩每个名次之间相差 1 分，所以我们可以把 6 进行拆分，6 ＝ 1 ＋ 2 ＋ 3。也就是说三个人的成绩分别是 81 分、82 分和 83 分。再根据三个人的排名，我们就能得出他们各自的成绩。淘淘是第一名，所以淘淘的成绩是 83 分；乐乐是第二名，所以乐乐的成绩是 82 分；飞飞是第三名，所以飞飞的成绩是 81 分。

第二次测验中，三个人的总分是 231 分，由于三个人的成绩相差并不多，所以我们仍然可以先进行估算。三个人的成绩可能在 75 分至 80 分之间，因为 75 ＋ 75 ＋ 75 ＝ 70 ＋ 70 ＋ 70 ＋（5 ＋ 5 ＋ 5）＝ 210 ＋ 15 ＝ 225 分，而 80 ＋ 80 ＋ 80 ＝ 240 分。231 分就在 225 分和 240 分之间。231 － 225 ＝ 6（分），假设三个人成绩都是 75 分，则三个人的成绩之和比 231 分少 6 分。第一名比第二名多 4 分，第二名比第三名多 1 分。假设第三名的成绩是 75 分，那么第二名为 75 + 1 = 76 分，第一名成绩为 76 + 4 = 80 分，75 + 76 + 80 = 231（分）。根据三个人的排名，可得出乐乐的成绩是 80 分，飞飞的成绩是 76 分，淘淘的成绩是 75 分。

拓展思路

淘淘痛定思痛，第三次测验，他要重新拿回第一名。经过汇总，三个人的总成绩是 276 分。这一次，淘淘顺利拿到了第一名，并且比第二名多 3 分，第二名比第三名也多 3 分。请问：这次考试淘淘考了多少分？

答案提示

在此次测验中，三个人的总成绩是 276 分，所以三个人的平均分是 92 分，名次相邻的两人成绩相差 3 分，三人的成绩分别为 ____ 分、____ 分和 ____ 分。淘淘是第一名，所以淘淘的成绩为 ____ 分。

智慧提升

估算是根据具体条件及有关的知识，对事物数量或算式的结果做出的大概推断或估计。估算是计算能力的重要组成部分，我们可以利用估算，更加简便、快捷地解决一些实际问题。

转换思维想一想

故事分享

今天放学后，淘淘还在教室里想问题，乐乐悄悄走到淘淘身边，问道："淘淘，你在想什么呢?"谁知道这轻轻一问，却把淘淘吓了一跳。淘淘说："我正在思考问题，你把我的思路打断了，你必须帮我解答。"乐乐很不高兴地说："我好心叫你一起回家，没想到……"但乐乐还是答应帮助淘淘解决问题。他拿着淘淘练习本上的题目看了一下，题目是这样的：桌子上摆了三个正方体，这三个正方体的六个面都是按照相同的规律分别涂有红、黄、蓝、白、黑、绿六种颜色。请你想一想，黄色的对面是什么颜色?

图一

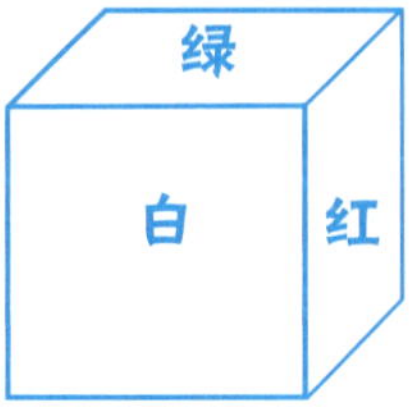

图二

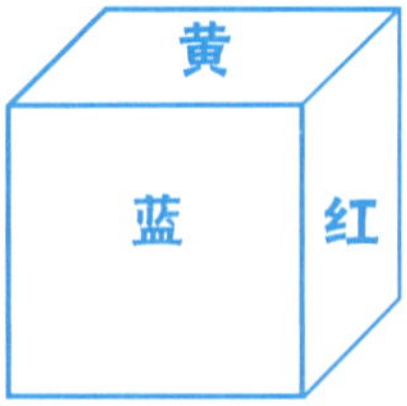

图三

乐乐看了看题目，沉思片刻就说出了答案。同学们，这个题目能难住你吗？请认真想一想。

思考分析

如果我们直接思考黄色的对面是什么颜色就比较困难，乐乐转换了一种思维方式，他思考的是黄色的对面不是什么颜色。从图一中我们知道黄色的对面不是白色和黑色，从图三中我们知道黄色的对面不是红色和蓝色，那么，我们就可以肯定黄色的对面一定是绿色。

拓展思路

在上面的题目中，你知道白色的对面是什么颜色吗？红色的对面是什么颜色？看谁是最聪明的孩子！

绿

答案提示

从图一中我们知道白色的对面不是黄色和黑色，从图二中我们知道白色的对面不是红色和绿色，那么我们就可以肯定白色的对面一定是 _____ 色，而剩下的红色的对面一定是 _____ 色。

智慧提升

黄

对于一些我们感到无从入手的题目，不妨转换一下思考角度，从而使问题得到解决。

抢 15 游戏

故事分享

周三下午放学后，淘淘写完作业去乐乐家玩，看到乐乐家的桌子上有一些围棋棋子，于是对乐乐说：“乐乐，我们来玩个游戏吧！”说完，淘淘就把这些棋子分成了 1 枚棋子一堆，2 枚棋子一堆，3 枚棋子一堆，4 枚棋子一堆……一直到 9 枚棋子一堆，一共摆了 9 堆。淘淘解释道：“我们就用这 9 堆棋子玩抢 15 的游戏。”“抢 15？怎么个抢法？”乐乐很有兴趣地问。

“其实，游戏很简单！我们两人先后取棋子，每次只能取 1 堆，谁先取到 15 枚棋子就算谁赢了。”淘淘很自信地说着游戏规则。

“好吧！我先拿。”乐乐心里想，这还不简单。9 加 6 等于 15，我先拿 9 枚的那一堆。淘淘看到乐乐拿了 9 枚棋子，也不甘示弱，赶紧拿 6 枚的那一堆。乐乐一看淘淘拿走了自己想要的 6 枚的那一堆，很生气，但也没有办法，只有拿了 5 枚的那一堆，淘淘接着却拿走 1 枚的那一堆。乐乐心里想：这下完了！我手中已经有 14 枚棋子，而淘淘拿走了 1 枚的那一堆，不管我再拿哪一堆，总数都会超过 15。所以，第一局乐乐输了。

接着开始进行第二局，还是乐乐先拿。同学们，想一想，怎样才能先抢到 15 呢？

思考分析

在抢 15 游戏中，最重要的是要先抢这堆棋子的最中间的一堆——5，这样才能获胜。因为先抢到了 5，就还有 4 种方法可以得到 15，这样获胜的可能性就大。

拓展思路

同学们，如果让淘淘先拿，他怎样才可能取胜？

答案提示

无论是谁先拿，都尽量先抢到 ______，这样获胜的可能性就大。

智慧提升

游戏中也存在着智慧，当我们认真思考，明白了其中的道理，就能很轻松地在游戏中思考，在游戏中增长智慧。

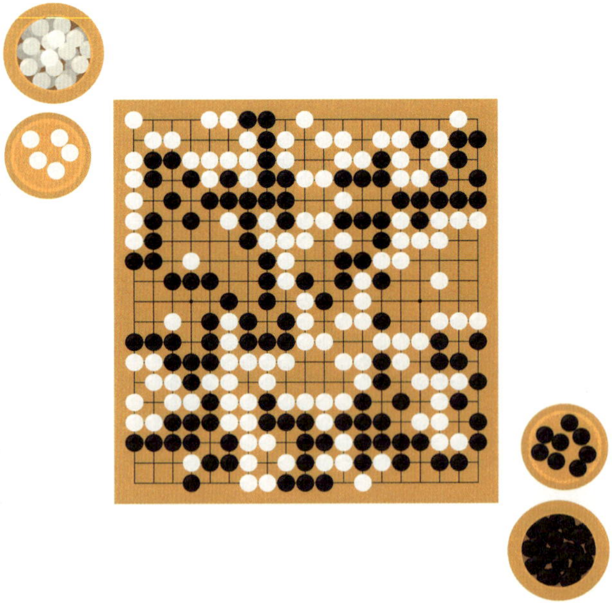

帽子的颜色

故事分享

暑假里，淘淘爸爸单位的俱乐部举行联欢活动，淘淘也一起参加了。其中的一个活动特别吸引淘淘，活动规则是这样的：主持人拿着四顶帽子，其中三顶帽子是黑色的，一顶帽子是红色的，然后请三位叔叔来参加游戏。主持人先将三位叔叔的眼睛蒙上，分别给每人戴上一顶帽子，并把剩余的帽子藏起来。三个人睁开眼，别人头上戴的是什么颜色的帽子看得一清二楚，自己戴的是什么颜色的帽子看不到。于是，三人开始推理自己戴的帽子的颜色。

第一轮比赛开始了，三位叔叔来到台上，主持人按规则将三人的帽子戴好，三位叔叔互相看着。突然，一位叔叔说：“我戴的帽子颜色是黑色！”另外一位叔叔也说自己戴的帽子颜色是黑色。而最后一位叔叔说自己戴的帽子颜色是红色。三位叔叔都获得了奖品，然后主持人让判断最快的叔叔说一下判断的依据。同学们，你们知道这位叔叔为什么这么快就判断出自己戴的帽子颜色是黑色吗？请认真想一想。

思考分析

一位叔叔说：“当我看到另外两人的帽子是红色和黑色时，我就准确判断出自己戴的帽子是黑色的，因为四顶帽子中只有一顶红色帽子。”而判断最慢的叔叔说：“当我看到另外两人的帽子是黑色时，我不能判断自己帽子的颜色，但我看到另外两人都准确判断出他们自己帽子的颜色时，我知道是自己帽子的颜色提醒他们的，于是，我就判断出自己帽子的颜色是红色。”

拓展思路

第二轮比赛开始了，淘淘也参加了比赛。三人来到台上，主持人按规则将三人的帽子戴好，三人看到的结果都是一样的，都是看到两人戴着黑帽。三人犹豫不决，淘淘很快就判断出自己戴的是黑帽。下面的观众都很惊讶，这是为什么呢？你知道其中的原因吗？

答案提示

淘淘是这样判断的：当两位叔叔都犹豫不决，可以肯定判断自己和另外一个叔叔没有戴 _____ 色帽子，所以就可以肯定自己戴的是 _____ 色帽子。

智慧提升

推理是一种智慧的思考，是一种缜密的思维活动，数学学习有时需要合理的论证方法，这类推理需要根据别人的态度来判断，运用镜视法，让数学思考帮助我们解决生活中的实际问题，这也是学习数学的快乐！

悖论带给我们的数学思考

故事分享

今天是周末，淘淘在一本课外读物上看到了这样一个有趣的故事：有一位自认为很聪明的理发师在自己的理发室前挂了一个招牌，上面写着自己的规定：他只给那些不给自己刮脸的人刮脸。有人就问他："那您该不该给自己刮脸呢?"这位理发师听后瞠目结舌，无言以对。亲爱的同学们，你们知道为什么这位理发师无言以对吗?认真想一想，你就明白其中的道理了。

思考分析

按照他店前招牌上的规定，他就应该给自己刮脸。一旦他给自己刮了脸，他就不属于不给自己刮脸的人，他就不应该给这样的人刮脸。因此，不管怎么说，理发师招牌上的规定总是自相矛盾的，这个理发师真是自己给自己找麻烦。

拓展思路

在这本课外读物中，淘淘还看到了这样一个故事：商人用骆驼在沙漠中行走，遇到了一伙强盗，强盗对商人说："你猜我会怎样处置你？如果你说对了，我就放了你和你的仆人；如果你说错了，就别怪我，我要杀了你和你的仆人。"原本很害怕的商人稍稍平静了一些，当他说完后，强盗不得不放了他和他的仆人。聪明的同学们，你们知道商人告诉强盗的话是什么吗？

答案提示

商人对强盗说的话是：我猜你会杀了我们。真是一位聪明的商人，如果强盗承认商人猜对了，就应该放了这个商人和他的仆人；如果强盗不承认商人猜对了，也就是猜错了，就说明强盗不会杀他们，应该放了这个商人和他的仆人。这让强盗自己也不知道该如何做，只得将商人和他的仆人放了。

智慧提升

罗素悖论是由英国数理学家、哲学家罗素于 1903 年提出的。所谓悖论，是从一些看似正确的或看起来可接受的约定出发，经过推理却得到了自相矛盾的结论。希望这样的推理能让我们多一些数学思考，从中增长智慧。

羽毛球小将

故事分享

淘淘妈妈周末举办“家庭羽毛球邀请赛”，大家相聚在一起不仅可以提高羽毛球球技，还能促进各个家庭的和谐相处。

淘淘邀请了飞飞、聪聪，要求是只能和姐姐华华、琳琳、丹丹组成双打成员一起参赛。六个人在一起打羽毛球，举行混合双打比赛，姐弟两人不许搭伴。

第一局，聪聪和华华对战飞飞和琳琳。

第二局，飞飞和丹丹对战聪聪和淘淘的姐姐。

请判断，华华、琳琳、丹丹分别是谁的姐姐？

思考分析

我们知道，此类问题可以列表解决：

	华华	琳琳	丹丹
聪聪	×		
飞飞	√	×	×
淘淘	×		

假设琳琳是聪聪的姐姐，那么淘淘的姐姐是丹丹，第二局则成为飞飞和丹丹对战聪聪和丹丹，丹丹不可能同时出现。因此，琳琳不是聪聪的姐姐。

	华华	琳琳	丹丹
聪聪	×	×	√
飞飞	√	×	×
淘淘	×	√	×

因此，华华是飞飞的姐姐，琳琳是淘淘的姐姐，丹丹是聪聪的姐姐。

拓展思路

混双比赛后，又进行了单人赛，前三名有奖品。家长们询问谁获奖了。小朋友们没有直接告知家长，而是说："飞飞、琳琳、丹丹和淘淘中只有一人没有获奖。"

飞飞说："如果我能获奖，那么琳琳也能获奖。"

琳琳说："如果我能获奖，那么丹丹也能获奖。"

丹丹说："如果淘淘不能获奖，那我也不能获奖。"

那么，谁没有获奖呢？

答案提示

假设飞飞获奖：

	飞飞	琳琳	丹丹	淘淘
获奖	√			
获奖		√		
获奖			√	
获奖				×

然而，丹丹说如果淘淘没有获奖，她也不会获奖，假设不成立，因此，________ 没有获奖。

所以，四人中，只有 ________ 没有获奖。但是 ________ 并不气馁，他说："以后我一定要多多练习羽毛球，让自己成为羽毛球小将！"

智慧提升

逻辑推理是数学中经常遇到的问题，是需要从一般性的前提出发，通过推导，得出具体陈述或个别结论的过程。这对于思维保持严密性、一贯性有着重要的作用。**逻辑推理包括演绎、归纳和溯因三种方式。**在以后的数学学习中，我们会经常用到，让我们在推理中智慧思考吧。

数图形中的奥秘

故事分享

今天放学后，淘淘和乐乐一起研究了一个有趣的数图形问题，题目是这样的：数一数图中有多少个长方形。

淘淘和乐乐数出的答案不一样，他们谁也不服气谁，于是乐乐就向天天求助。天天还以为是什么难题呢，一听是数长方形的问题，这对他来说就是小菜一碟。天天很快就数出来了！同学们，你们会数吗？快来试试看！

思考分析

我们可以分类来数，先数由一个长方形组成的：$3\times3=9$；再数由两个长方形组成的：横着数 $2\times3=6$，竖着数 $2\times3=6$，一共 $6+6=12$；再数由三个长方形组成的：横着数 $1\times3=3$，竖着数 $1\times3=3$，$3+3=6$；再数由四个长方形组成的：4 个；再数由六个长方形组成的：4 个；再数由九个长方形组成的：1 个；所以一共有长方形：$9+12+6+4+4+1=36$（个）。

拓展思路

天天觉得数长方形的这道题目太简单了，他想挑战一个更难的数三角形的问题。数一数图中有多少个三角形。你会数吗？

答案提示

先数由一个三角形组成的三角形：有 ______ 个；再数由 4 个三角形组成的三角形：有 ______ 个；再数由 9 个三角形组成的三角形：有 ______ 个。因此，一共有 ______________________ 个。

智慧提升

在数图形的过程中，我们可以先分类再数，这样就能做到不重复、不遗漏。当我们在面临比较复杂的问题时，我们可以先按照一定的标准进行分类，再逐类讨论分析，使问题得到解决。

好玩的回文数

故事分享

今天的数学课上，张老师给大家讲了一个数学故事：清朝时，北京有个酒楼叫“天然居”。一次，乾隆皇帝经过此处，看见匾额上写着“天然居”三个大字，触景生情，写了一个上联：“客上天然居，居然天上客。”可再想出下联，却难住了这位博学多才的皇帝。因为下联的后五个字必须是前五个字的回读，又要语意通顺，的确是很难的事情。于是皇帝下令，征集下联。很久以后，才有人对出下联：“僧游云隐寺，寺隐

云游僧。”这就是文学修辞上的“回文”。

淘淘和天天听得很入迷，张老师看到同学们听得这么饶有兴趣，就接着往下讲。“回文”是指正着读、反着读都一样的句子，它是古今中外都有的一种修辞方式和文字游戏，如“我为人人，人人为我”等。在数学中也有这样一类数字有这样的特征，称为回文数。如：212，12321，32123，4321234 等。回文数的特征是：从左到右读与从右到左读完全一样，这样的回文数可以写很多。同学们，你们能试着写出一些回文数吗？

思考分析

我们可以把普通的数变成回文数，方法是：任意写一个普通数，把它再倒着写一遍，最后把这两个数组合在一起。比如：58，倒着写 85，把它们组合起来就是 5885。回文数的特征是：从左到右读与从右到左读完全一样，写完以后正着读一遍，反着读一遍，如果读出的数完全一样，就写对了。

拓展思路

你们知道吗？回文数还能通过计算得到呢！对于一个普通数，如果它不是回文数，我们可以把它各个数位上的数字顺序倒过来写一遍，再和原来的数相加得到一个新的数，称为第一次运算，如果还不是回文数，就把得到的和再倒过来写一遍，再相加，称为第二次运算，这样一直算下去，最后就可以得到一个新的回文数。比如 453，453 + 354 = 807，807 + 708 = 1515，1515 + 5151 = 6666，6666 是回文数。同学们，这种变普通数为回文数的方法，你读懂了吗？比如：675，试着算一算，你能通过计算得到回文数吗？

答案提示

按照回文数的计算规则，我们可以把它的数字顺序倒过来写一遍，再和原来的数相加得到一个新的数，即 675 + 576 = 1251，1251 不是回文数，把它的数字顺序倒过来写一遍，再继续相加计算，____________________，________ 就是回文数。

智慧提升

“回文数”具有奇妙的性质和现象，数学中还有许多有趣的猜想等待着我们去发现和探究。只要大胆猜想、勇于探索、细心验证，就能发现更多数学的奇思妙想。

答　案

P007　5:00　5:05

P009　24　48　48

P013　64　65　64　65

P018　16

P025　12 × 4 = 48（分米）

P035　200　813　813　168　981

P038　(72 + 128) + 365　200 + 365　565

924 − (356 + 244)　924 − 600　324

P041　500 − 190 − 210 = 310 − 210 = 100（头）

P043　30 + 4 = 34　34

P046　590　600　610　620

P060　9 + 16 + 13 + 7 = 45

P063　5　31　26　32　30

P066　21 − 14 = 7

P069　9　5　3　4　1　2

P072　东北

P075　象园　猴山

P078　250　280　300　C

P081　345

P086　2 + 8 = 10（米）　4 × 2 = 8（米）

P089　280 × 2 × 0.5 = 280（元）　12 × 49 = 588（元）

280 + 588 = 868（元）

P092　31 + 30 + 31 = 92　三　四

P095　13

P097　8　5　7　5

P100　3　3　9

P104　13507　18372

P108　5 + 4 + 3 + 2 + 1 = 15

P119　95　92　89　95

P123　蓝　黑

P126　5

P129　红　黑

P137　飞飞　飞飞　飞飞

P141　22　10　2　$22 + 10 + 2 = 34$

P144　$1251 + 1521 = 2772$　2772

阅读收获

亲爱的小朋友，阅读这本书，给你留下最深印象的是什么？如果请你写出最深刻的阅读感言，你会怎么写？请你为《魔力数学》代言，写一两句最能感动人的阅读收获。比一比，谁的阅读感言最能打动人！

学校：____________ 班级：____________ 姓名：____________

数学阅读奠基学生的终身发展
（代后记）

阅读是一个人的基本学习能力，也是儿童精神成长的重要途径。而数学是一个魅力多姿的世界，如何在阅读中走向多彩的数学世界，我们进行着数学阅读的探索。本套丛书中的故事充满童趣，与学生生活实际紧密结合，让大家体会到数学的广泛应用。书中的数学故事以数学知识为明线，以数学核心的思想方法为暗线，注重通过故事介绍高观点背景下的深入思考，注重教会孩子思考的方法和策略，真正在智慧阅读中学数学、用数学、玩数学。

2019 年，《魔力数学》（4 册）出版后得到了广大教师、学生和家长的厚爱，不断重印。同时，它走出国门，输出到阿联酋。该套丛书荣获 2019 年中南六省优秀教育读物一等奖，入选 2020 年浙江省书香工程推荐书目、2020 年河南省中小学图书馆推荐书目等。数学阅读的研究成果荣获河南省基础教育教学成果奖，研究成果先后在浙江省、山东省、河南省、四川省、新疆维吾尔自治区、内蒙古自治区、海南省等多个省区进行推广，受到了大家的一致好评。

我们名师工作室接待了国培、省培教师，展示了数学阅读的课例和专题报告；开展了中原名师工作室省级名师、省级骨干教师研修专题讲座；并与河南省新密市、洛阳市瀍河区、尉氏县等地组建数学阅读联盟。

数学阅读课程辐射到名师工作室研修教师及所在学校；引领河南省新郑市“名家育名师”基地校研修，聚焦数学阅读深耕；开辟数学阅读专题微信群，围绕数学阅读主题研讨交流。

2017 年 5 月，郑州教育电视台对我的数学阅读研究进行专题报道；2018 年 4 月，他们再次聚焦数学阅读的教与学进行跟踪报道。2017 年 10 月，我撰写的《数学课外阅读的教育魅力》发表在《教育时报》上。

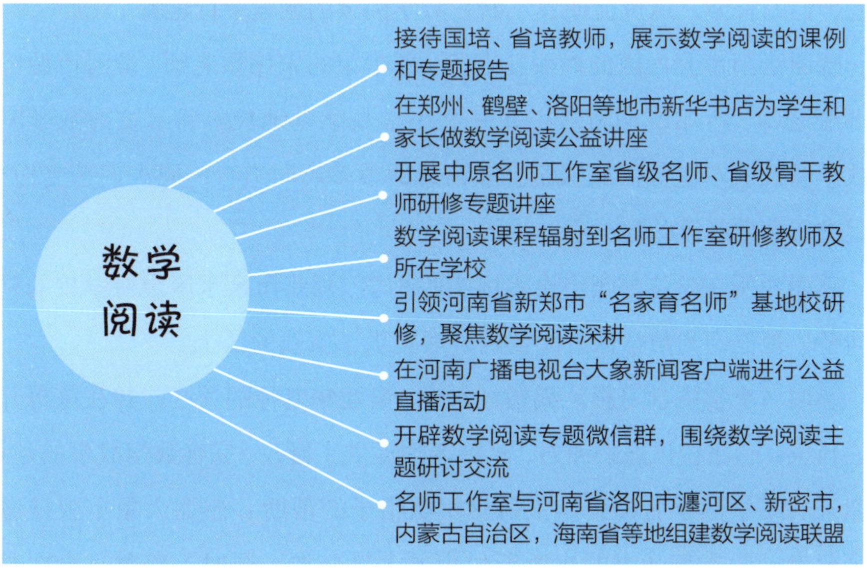

今天，根据读者反馈及调研，大象出版社决定将 4 册《魔力数学》修订为 6 册，设置“淘淘”“乐乐”“飞飞”“花花” 4 个 IP 形象，采用彩色印刷，搭配优美插图，按照国标规范设计字号。此次修订，针对性更强，内容更完善，装帧更精美，提高了丛书的品质。同时，我们将 2022 年新课标的理念融入修订工作中，更突显数学核心素养。

如果说，我在数学阅读方面有那么一点点思考的话，首先，我要感谢蔡金法教授、刘坚教授、王明明老师、王永老师等新世纪小学数学教材编写组的专家，是他们给予我无私的帮助和指导，是他们在繁忙的教学、科研任务之余抽出大量时间，付出大量精力，精心指导我做好数学阅读。同时，我也要感谢全国新世纪小学数学杰出人才第三届高级研修班的同学们，感谢他们无私的帮助和鼓励。

感谢校讯通为我搭建了更宽广的平台，作为校讯通第六届、第七届、第八届、第九届、第十届数学阅读专家评委，我在引领数学阅读的同时也汲取着老师们的智慧，这也促使我不断在数学阅读的旅程中行进着。

感谢洛阳市瀍河区的尚丽花老师、新密市的宋伟琴老师、漯河市源汇区的邢燕老师、新郑市龙湖镇小乔完全小学数学基地校等将《魔力数学》作为数学阅读读本进行区域探索。非常感谢很多志同道合的同人们慕名而来，一起进行数学阅读的教与学。

感谢我所在单位郑州市金水区实验小学、郑州市金水区金桥学校的领导和同事，是他们为数学课外阅读的开展提供了实践的沃土。

感谢《小学生学习报》编辑汪录辽、秦建华老师的关心，并在该报开辟专栏刊载；感谢校讯通的谢君、赵娜老师提供了修改、完善数学故事的建议；感谢宋君小学数学名师工作室研修团队给予的帮助；感谢大象出版社编辑梁金蓝老师为本套丛书的出版所付出的大量心血。同时，感谢一直在身后默默支持我的妻子，正是她无私的奉献，使我有了更多的时间把自己的想法和思考进行梳理，分享给更多的人。

最后，感谢名师工作室将数学阅读作为专题进行研究。请允许我将名师工作室第二届、第四届研修教师名单列于此。名师工作室第二届研修教师：穆桂鹤、魏霞、刘英杰、徐雪华、张文艳、陈伟伟、任庆涛、张艺、韩晓彤、李国建。名师工作室第四届研修教师：刘英杰、张艺、韩晓彤、李倩、梁海霞、刘婵、刘莹莹、喻海游、黄文倩、胡慧芳、刘亚楠、肖菲菲、张龙辉、张婷、李芳芳、刘娟、王鹏鹤、苌婷、李果、张曼佳、蒋飞、夏春艳、苏蒙蒙、岳冲冲、王改霞、王倩玉、杨利利、乔花花。

阅读带来快乐，快乐产生兴趣，兴趣开启智慧，智慧引领发展。让我们一起进行数学阅读，一起踏上智慧阅读之旅，一起分享数学阅读的快乐。让阅读引领精彩，奠基学生的终身发展。

限于本人水平有限，写作中难免有不妥之处，欢迎大家批评指正。

宋　君